PIERLUIGI ROMEO
DI COLLOREDO

I Cavalieri della Croce Nera

L'Ordensbuch del 1264: Statuto, Regola
e Storia Militare dell'Ordine Teutonico

Pierluigi Romeo di Colloredo Mels è archeologo professionista e storico militare; laureato e specializzato in Archeologia orientale, collabora con la Soprintendenza Archeologica per il Lazio ed è consulente del Nucleo Tutela BBCC dell'Arma dei Carabinieri; autore di numerosi articoli scientifici e saggi storici, ha pubblicato, tra gli altri, *Il trionfo di Vespasiano*, Roma 2015, *Roma contro Roma. Le due battaglie di Bedriacum, 69 d.C.*, Bergamo 2018; *Amazzoni. Leggenda e realtà delle donne guerriere dai miti greci ai kurgan sciti*, Roma 2020; *Le guerre sannitiche 343- 290 a.C. Il conflitto tra Romani e Sanniti nella narrazione di Tito Livio*, Bergamo 2020; *I vichinghi in Italia. Dalla distruzione di Luni ad Harold Hardrada*, Bergamo 2021; *Cesare*, Bergamo 2022.

STORIA

ISBN: 9788893279154 seconda edizione dicembre 2022
SPS-015 I CAVALIERI DELLA CROCE NERA
di Pierluigi Romeo di Colloredo Mels
Editor: **Luca Stefano Cristini Editore per i tipi di Soldiershop serie Storia-** Cover & Art Design: L. S. Cristini SPS 15 cavlieri croce nera

PREFAZIONE

"I principi cristiani che si battono per la conversione dei pagani, e in speciali modo quelli dell'Ordine teutonico, desiderano ridurli alla schiavitù, come ben sanno i domenicani e i francescani e gli altri buoni uomini di tutta la Germania e la Polonia". Lo scriveva, nel suo *Opus maius* (1267), il filosofo inglese, francescano egli stesso Ruggero Bacone (1214-1294). Ma il giudizio espresso dal Doctor *mirabilis* sull'*Ordo Fratrum Domus Hospitalis Sanctae Mariae Teutonicorum in Jerusalem*, noto anche semplicemente come *Deutscher Orden*, è senz'altro riduttivo. Vero è che questo ordine monastico militare, fondato in Terrasanta durante la terza Crociata da alcuni mercanti di Brema e Lubecca allo scopo di assistere i pellegrini di lingua tedesca, è passato alla storia per aver strappato ai pagani, con campagne belliche di grande ferocia, buon parte dell'Europa nordorientale. Ma pur stando lontani dall'esaltazione che ne fece lo storico tedesco Heinrich von Treitschke (1834-1896), per il quale i Teutonici furono conquistatori dotati del triplice orgoglio di cristiani, tedeschi e cavalieri (*Das deutsche Orderland Preußen*) e dunque apportatori di civiltà laddove regnava solo la barbarie, va da sé che l'apporto dell'Ordine alla costruzione dell'Europa moderna vada necessariamente, pur con le dovute cautele, rivalutato senza pregiudizi. Questa edizione dell'*Ordensbuch* del 1264, la prima in lingua italiana degli Statuti e della Regola dell'Ordine, pregevolmente curata da Pierluigi Romeo di Colloredo (il testimone è il manoscritto Borossico n.79 della Staatsbibliothek di Berlino, miracolosamente sopravvissuto alla distruzione che di norma si operava alle regole una volta riviste e dunque "superate") costituisce un tassello prezioso in questo percorso.

Una cosa è certa. Quello dei cavalieri Teutonici è stato sempre un ordine di confine. E non solo per quanto concerne l'aspetto geografico. All'apparenza – a cominciare dal vestiario – non si differenziavano molto dagli altri ordini. Ma nella sostanza la cifra peculiare dei Teutonici era assai diversa: mentre Templari e Ospitalieri davano molta importanza anche a occupazioni "pacifiche" come l'assistenza ai pellegrini, i cavalieri del *Deutscher Orden* facevano della guerra la loro pressoché unica cura. La memoria corre agli antichi Germani, che combattevano per entrare nel *Valhalla*, la "sala dei morti in battaglia", ansiosi di assistere Wotan nel *Ragnarök*, lo scontro finale tra le potenze della luce e dell'ordine e quelle della tenebra e del caos, prodromo alla fine del mondo e alla sua rigenerazione. In battaglia questo mistico confine tra tenebra e luce, tra ordine e caos, doveva essere spesso superato se è vero che la sola apparizione sul campo della croce nera patente, futura croce germanica, e dell'aquila con le ali spiegate suscitava nel nemico un autentico terrore.

Al confine, i Teutonici lo furono anche nel rapporto – ed è un *unicum* rispetto agli altri ordini – con le due massime autorità del tempo, ossia l'Impero e il Papato. Alla speciale *liaison* con Federico II di Svevia, favorita senz'altro dalla straordinaria personalità del suo grande amico e consigliere Hermann von Salza (1179-1239), Gran Maestro dal 1209, facevano infatti da contraltare i legami stretti con ben tre pontefici, Clemente III, Celestino III e Innocenzo III, che confermarono loro onori e protezione ponendoli sotto il manto della Vergine Maria.

Si è accennato alla loro presenza ai limiti dell'Europa cristiana. Impegnati dapprima in Terrasanta contro i musulmani durante il sanguinoso periodo delle Crociate, dopo la perdita

di Gerusalemme furono costretti a trovare altri spazi in grado di saziare la loro fame di conquiste. Smantellata nel 1191 l'ultima roccaforte nel Vicino Oriente, rivolsero dunque i loro occhi sempre ad Est ma stavolta nel cuore del Continente, verso il Baltico, e da quel momento in poi concentrarono le loro energie alla sottomissione delle genti ancora pagane. Si scontrarono via via con i danesi, i lituani, i russi, i polacchi, persino i mongoli, in uno stato continuo di guerra che conobbe momenti epici come anche sconfitte memorabili. Come quella avvenuta il 5 aprile 1242 sul lago Peipus, ad opera del principe di Novgorod Alexandr Nevskij, destinata a diventare un mito grazie al film (1938) di Eisenstein con musiche di Prokof'ev. O quella del 15 luglio 1410 a Tannenberg, ad opera dei polacchi e dei lituani, che iniziò un lungo periodo di progressiva e sempre più cupa decadenza. Da allora i Teutonici persero pian piano il controllo di tutti i territori tranne quelli prussiani, sui quali peraltro governava nominalmente il re di Polonia. E il colpo di grazia arrivò a partire dal 1525 quando Alberto di Brandeburgo, gran maestro dal 1511, aderì alla Riforma luterana e secolarizzò i beni dell'Ordine. Da lì in avanti il *Deutscher Orden*, che per trecento anni si era gloriato del blasone di un vero e proprio principato territoriale, veniva declassato a ducato ereditario degli Hohenzollern, finendo per diventare il nucleo fondante della Prussia moderna. E se pure al Gran Maestro – che dalla sua residenza di Ellingen assistette impotente, nel 1526, al trasferimento della sede dell'Ordine a Mergentheim – restava la dignità di principe-abate dell'impero, venivano meno per i Teutonici l'autonomia e il prestigio di cui avevano goduto per secoli.
Soppresso da Napoleone, l'Ordine continuò a sopravvivere grazie agli Absburgo in Austria, presso i quali si rifugiarono i cavalieri rimasti fedeli al cattolicesimo, e dove nel 1834 ritrovò momentanea dignità grazie a Francesco I come *Deutscher Ritterorden* ("ordine cavalleresco teutonico"). Dopo le dimissioni, nel 1923, dell'ultimo Gran Maestro absburgico, l'arciduca Eugenio d'Austria, le vestigia dell'antica gloria si intravedono oggi a malapena nell'ordine canonicale (e non più cavalleresco) che, dal 1929, ha sede a Vienna nei pressi del Duomo di Santo Stefano.

Lungi da noi, lo ripetiamo, proporre un'antistorica e acritica rivalutazione di sanguinose e spietate imprese, che il saggio di apertura di Colloredo oltretutto affronta senza nascondere nulla. Ma va ricordato che accanto alla spada i Teutonici usavano anche l'aratro e, soprattutto, l'ingegno della costruzione: la fitta costellazione di austeri castelli-convento (il più celebre è quello di Malbork in Polonia, noto anche come *Ordensburg Marienburg*, designato dall'UNESCO Patrimonio dell'Umanità) costituiva il nucleo per future città, organizzate intorno al maniero con campi dissodati e bonificati alla bisogna. La velocità e l'efficienza ("teutonica", appunto) con cui costruivano divenne proverbiale e sono alla base, come detto, anche del mito (oltre che della realtà) della Prussia moderna. Altro confine che seppero valicare fu quello dell'accettazione della donna, come presenza attiva, in seno all'Ordine, ovviamente nel campo dell'assistenza: anche questo, un *unicum* nel panorama degli ordini monastici di stampo cavalleresco e un tratto di sorprendente modernità.

Il saggio che Colloredo prepone all'edizione dell'*Ordensbuch* ha anche un altro, non trascurabile, merito: l'aver ribadito la falsità (o per lo meno, l'esagerazione) del mito che i Teutonici, ordine "nazionale" *ante litteram*, non accettassero nelle loro fila alcun membro che non fosse di origine schiettamente germanica. Altro confine superato. Come altrimenti interpretare la presenza, nei loro ranghi, di quel Raimondo del Balzo Orsini detto Raimondello (1361-1406), conte di Lecce, che partecipò ad una delle incursioni (*Reysen*) in Lituania, nel 1377, al termine della quale fu investito del titolo di Fratello Cavaliere e forse anche commendatore dell'Ordine per le Puglie?

Il venerabile Jorge da Burgos, personaggio chiave de "Il nome della rosa" di Umberto Eco, sostiene che non vi è progresso nella conoscenza ma solo una mera, costante e sublime ricapitolazione. Affermazione in parte condivisibile anche da chi si occupa di storia, a patto che non si scoprano nuovi documenti in grado di ribaltare ciò che è ormai da tempo dato per assodato. L'*Ordensbuch* qui proposto non è una nuova scoperta, ma la prima edizione in lingua italiana di un documento sicuramente poco conosciuto. Se la sua lettura (o rilettura) porterà nuova luce sui Teutonici e dunque stimolerà, pur senza clamorose rivelazioni, una salutare ricapitolazione di tutta la storia, avrà raggiunto felicemente il suo scopo.

Elena Percivaldi

Monza, 29 settembre 2009
Festa di san Michele Arcangelo

At Alisaundre he was whan it was wonne.
Ful ofte tyme he hadde the bord bigonne
Aboven alle nacions in Pruce;
In Lettow hadde he reysed and in Ruce,
No Cristen man so ofte of his degree[1].

Geoffrey Chaucer, *The Canterbury Tales*, Frag. A.

Kristen, Juden und Heiden
Jehent, daz diz Erbe sî:
Got müez'ez rehte scheiden
Durch die Sîne Namen Drî
Al diu Werelt strîtet her:
Wir sin an der Rehten ger,
Reht ist daz Er úns gewer[2].

Walther von der Vogelweide, *Nû alrêst lebe ich mir werde (Palästinenlied)*, ca 1228

---

[1] *Era stato alla presa di Alessandria,*
per molte volte era stato il capotavola
sopra tutte le nazioni, in Prussia.
Nessun cristiano aveva spesso raggiunto il suo livello.
In Lituania aveva fatto incursioni, e in Russia
[2] *Cristiani, giudei e pagani*
si contendono il possesso della terra.
Che Dio possa stabilire ciò che è giusto
in nome della Trinità:
il mondo intero se ne arroga il dominio,
ma quel potere spetta solo a noi:
che Iddio ce lo conceda è sacrosanto!

PREMESSA

Quando si pensa a Federico II di Svevia, il grande sovrano chiamato dai propri contemporanei *Stupor Mundi*, diverse immagini si presentano alla mente: dallo splendore architettonico di Castel del Monte, all'umanesimo della corte palermitana, alla lotta contro il papato, alla falconeria di cui l'imperatore era appassionato cultore.

Difficilmente però viene da pensare a quello che, senz'ombra di dubbio, fu l'atto più gravido di conseguenze per l'Europa e per il mondo nei secoli a venire compiuto dal sovrano svevo: la promulgazione della Bolla d'Oro di Rimini.

Con tale bolla – che anche nel nome si richiamava alle *crisobullae* degli imperatori romani d'Oriente, Federico, sovrano forse più siciliano che tedesco, diede origine e legittimazione alla spinta verso oriente – *drang nach Osten* – dei popoli germanici.

Da quest'evento derivarono le lotte incessanti tra tedeschi e slavi, l'ingresso della Polonia e della Russia nella storia europea, la conquista e la germanizzazione della Prussia, i cui sovrani, da Federico il Grande a Guglielmo II proseguirono la politica espansionista verso il Baltico del grande Hohenstaufen.

Ed inutile dire come la stessa politica dello spazio vitale ad est (*lebensraum*), degli insediamenti di contadini-guerrieri nelle lande russe e baltiche fosse il medesimo perseguito da Adolf Hitler già nel *Mein Kampf*. Del resto, scintilla della Seconda guerra Mondiale fu proprio il possesso della città anseatica di Danzica e del corridoio tra Prussia occidentale ed orientale, i vecchi possedimenti dell'Ordine.

Himmler (che pure perseguitò il vero Ordine Teutonico, sciolto in Germania nel 1938) prese a modello per le sue *SS* i cavalieri dal mantello candido e dalla croce nera, i loro *Ordensburg*, le loro croci baltiche, persino i loro colori, il bianco ed il nero.

Strumento di quest'espansione fu l'Ordine dell'Ospedale della Casa di Santa Maria dei tedeschi di Gerusalemme, o Teutonico, il cui terzo Gran Maestro (*Hochmeister*) Herrmann von Salza ebbe l'intuizione che per gli ordini cavallereschi la Terra Santa non avesse più sbocchi, e che si dovesse cercare di creare dei possedimenti in Europa.

Dove? Non certo più lungo le linee tradizionali dell'espansioni-smo germanico, la Francia e l'Italia, data la presenza della monarchia capetingia, dei ricchi comuni del Nord Italia e del Papato, ma ad est, dove vi erano immense ricchezze naturali e popoli pagani da convertire a forza.

I Teutonici soppiantarono i danesi, all'epoca in prima fila nelle crociate del Baltico, e crearono un proprio stato che visse per secoli in un'atmosfera di crociata permanente.

Si creò una scia di sangue che divise per sempre tedeschi e slavi, polacchi e russi, estoni e lituani, i cui effetti sono ancora vivissimi.

I cavalieri Teutonici, bellissimi e terribili nei loro elmi e nei loro mantelli candidi, sono il simbolo del male nell'*Aleksander Newskyi* di Eiseinstein, che li fa affondare nel ghiaccio del lago Peipus – nella realtà storica i Teutonici vi ebbero un ruolo secondario rispetto al vescovo di Tartu ed ai suoi crociati, perdendovi solo venti caduti e sei prigionieri – così come, per i poetici romantici tedeschi, da Schiller in poi sono il simbolo della resistenza dell'Occidente contro la minaccia delle orde barbariche slave.

Sono due visioni opposte, entrambe viziate da una visione nazionalistica e ben lontana da quella medievale; ma senza le campagne dei Teutonici si può dure tranquillamente che certe idee non sarebbero nate in Germania e nei paesi slavi, o sarebbero state ben diverse.

L'epopea dei Teutonici sul Baltico fu qualcosa che segnò per sempre la storia mondiale: quando il Gran Maestro Alberto di Brandeburgo, nel 1525, aderì alla riforma luterana, si proclamò duca dei possedimenti dell'ordine Teutonico.

Il suo discendente Federico Guglielmo li avrebbe, agli inizi del XVIII secolo, trasformati nel regno di Prussia, ed il figlio Federico II in una potenza mondiale che avrebbe segnato i due secoli a venire, nel bene e nel male, con due guerre mondiali il cui fulcro fu la lotta tra tedeschi e russi, come ai tempi degli *Hochmeister* e del ducato di Novgorod. E negli stessi luoghi.

La stessa fisionomia dei popoli baltici è stata modellata dalle crociate del Baltico: così Estoni, Lituani e Lettoni sono cattolici e protestanti, ma non ortodossi, e si sentono parte dell'Occidente europeo piuttosto che del mondo slavo, che da sempre ne minaccia l'indipendenza e l'esistenza stessa.

Ma una conoscenza dell'Ordine nero crociato non può prescindere dalla conoscenza degli Statuti dell'Ordine, contenenti la regola su cui i cavalieri si basavano tanto nella vita di tutti i giorni quanto in guerra.

Se la Regola dell'Ordine del Tempio, da cui derivò quella teutonica, è da tempo disponibile per il pubblico italiano, l'*Ordensbuch* era sino ad oggi inedito.

Quella che presentiamo è la prima traduzione italiana del *manoscritto Borossico* n.79 della *Staatsbibliothek* di Berlino; datato al 1264 e redatto in medio tedesco, è la versione più antica degli Statuti ad esserci pervenuta.

L'esistenza di una copia così antica dell'*Ordensbuch* è frutto oltretutto di una circostanza fortunata, giacché le vecchie versioni delle Regole venivano di solito distrutte e solo di rado conservate.

L'edizione che qui presentiamo è diretta ad un pubblico non specialista, il che ci ha esentato dal corredarlo con un apparato di note critiche che altrimenti sarebbe stato necessario.

La traduzione è il più aderente possibile al testo, anche nel passaggio improvviso dalla terza alla prima persona plurale e dal futuro al presente che si riscontra frequentemente nell'originale medio-tedesco.

La lettura della Regola è di importanza basilare per la comprensione della mentalità e della vita dell'Ordine Teutonico.

Si tende costantemente, infatti, a tralasciare l'importanza fondamentale che la preghiera, la partecipazione agli uffici divini, le preghiere giornaliere, la carità (ad esempio la decima sul pane) e l'attività di assistenza ai malati, mutuata dagli Ospitalieri, ed assente per esempio nell'Ordine del Tempio, che escludeva dall'ordi ne i cavalieri malati di lebbra, a differenza del *Deutscher Orden*, e che segnava l'esistenza quotidiana del monaco (appunto!) cavaliere tanto quanto quella del Fratello tonsurato.

Infatti, l'aspetto religioso (che è poi quello che ancora oggi sopravvive) è stato il più delle volte oscurato da quello militare; tornando al già citato film di Eisenstein, chi pensa ai Cavalieri Teutonici li immagina immancabilmente caricare nella neve, i bianchi stendardi sventolanti al freddo vendo del nord. Ma se quest'imma gine è senz'altro veritiera, essa era tutt'uno con la preghiera quotidiana, con la cura dei malati negli ospedali. Per un Teutonico non esisteva soluzione di continuità: si potrebbe dire *ora et pugna*.

Sono aspetti dimenticati dai nemici dell'Ordine, soprattutto polacchi – per i cattolicissimi polacchi la gloria di Tannenberg non poteva esser offuscata dall'aver combattuto contro cavalieri altrettanto, anzi più, cattolici, devoti alla vergine Maria, non potendoli presentare come crudeli e satanici era meglio descriverli come avidi e feroci *nemtzky*, degni antenati degli spartitori della Polonia – e per i loro esaltatori prussiani sarebbe stato altrettanto difficile da digerire il fatto che i candidi cavalieri, simbolo della *Kultur* germanica, dell'espansione della civiltà tedesca in terre barbare, dei difensori della Civiltà dagli slavi[3], fossero dei papisti devoti ai culti più superstiziosi della meretrice di Babilonia, il culto mariano e quello dei santi: meglio dunque farli passare per cripto-luterani[4] (a differenza dei Templari non c'era neppure la possibilità di inventarsi improbabili conoscenze esoteriche o eresie), attribuendo loro una coscienza nazionale tedesca assolutamente anacronistica per il Medio Evo[5], od al limite come cavalieri da tavola rotonda hollywoodiana, senza eccessive inclinazioni religiose. Né mancano ancor oggi le aprioristiche condanne di chi vede nei Teutonici i precursori della *tedesca rabbia*[6].

La Regola era il *vademecum* del Fratello Teutonico, che ne scandiva l'esistenza dall'ingresso nell'ordine sino alla morte, ed è la fonte fondamentale per la conoscenza della vita dei cavalieri all'epoca di Hermann von Salza e dei suoi immediati successori (una nuova serie di statuti che davano maggiori poteri al Gran Maestro venne approvata durante il capitolo generale dell'Ordine tenuto a Venezia nel 1297, ma la Regola rimase pressoché invariata per tutta la storia dell'Ordine). Vi si trova prescritto come ci si debba vestire, cosa si debba mangiare giorno per giorno come comportarsi in ogni occasione, dalla guerra alla messa, da quali animali i possano cacciare ai rapporti tra i membri dell'Ordine e le donne: è il miglior spaccato della vita quotidiana dei Teutonici nel XIII secolo che possa esistere, irri-

---

[3] Notare che – corsi e ricorsi della storia – un reparto formato da volontari *SS* nordici, l'*SS-Panzer-Abteilung 11*, denominato *"Hermann von Salza"* e inquadrato nella *11. SS-Freiwillingen-Panzergrenadier Division "Nordland"*, combatté nel 1944 in molti dei luoghi teatro dei combattimenti dell'Ordine nei Paesi Baltici.

[4] Si spiega così come un celebre poeta prussiano, Friederich Zacharias Werner (1768- 1823), potesse dedicare un dramma, ferocemente anticattolico, *La consacrazione della forza*, alla figura di Martin Lutero, in cui si sosteneva che i maomettani fossero più cristiani dei cattolici, ed un altro, *La croce del Baltico* (1806, alla vigilia di Jena), ai cavalieri Teutonici, nobili e generose anime di guerrieri tedeschi (più cristiani dei turchi, si presume) che, oltre a civilizzare il Baltico su incarico di Corrado di Masovia, salvando al suono di trombe ed al canto di salmi biblici tipicamente luterani anche i loro nemici polacchi, assediati dai pagani nel castello di Plock. Nel dramma compare, tra vari colpi di scena e scene sanguinolente, sotto le mentite spoglie di un menestrello, anche il fantasma di un vescovo assassinato dai pagani. Il tema centrale del dramma è che i polacchi non aspirassero ad altro che a diventare tedeschi, ed ad esser comandati dai Teutonici – e dai prussiani.

[5] D. Venner, in *Baltikum. La storia dei corpi franchi in Germania 1919-1921*, trad. it. Roma 1981, nel capitolo significativamente intitolato *I nuovi teutonici* scrive che *sotto la guida illuminata del Gran Maestro Hermann von Salza, la croce serve da pretesto all'espansione germanica* (p. 131). Il che vuol dire non aver capito né punto né poco dei Teutonici. Inoltre va ricordato come nell'Ordine potessero entrare, anche se il loro numero fu sempre limitato, anche membri non germanici: si pensi a Raimondo del Balzo Orsini, conte di Lecce e principe di Taranto, entrato nell'Ordine nel 1377 e probabilmente *Kommtur* di Puglia.

[6] Non è una cosa nuova: già nel XIX iniziò a diffondersi la leggenda nera dei Teutonici, dapprima in un romantico moto di simpatia per i polacchi oppressi, poi, dopo il 1870, in Francia in chiave antiprussiana. La tendenza è ovviamente andata aumentando durante le due guerre mondiali – in senso contrario all'esaltazione dell'Ordine, altrettanto anacronistica, fatta dalla Germania imperiale e dal Terzo Reich – sino a vedere nei membri del *Deutscher Orden* una sorta di paleo nazisti medievali.
Si legga ad esmpio, quanto scrive – a dieci anni dall'umiliazione inflitta dai *boches* alla Francia – uno storico transalpino, Joseph Calmette: *La spinta ad est* [dell'Ordine Teutonico] *agisce in pieno: non fa badare né agli atti di brutalità, né alle distruzioni, né ai massacri... Si distrugge sì, ma si ricostruisce. Si conquista lo spazio vitale tedesco. Lo si sfutta a profitto della razza germanica* (J. Calmette, *Le Reich allemande au Moyen Age*, Paris 1951, p. 363). Mancano solo i lager e si ha una perfetta corrispondenza tra nazisti e teutonici!
Ovviamente lo staliniano *Aleksander Nevsky* ha contribuito in modo decisivo al rafforzamento di quest'immagine nell'immaginario collettivo.
Si vedano, a proposito della *leyenda nigra* dell'Ordine, Michael Burleigh, *"The German Knights, Making of a Modern Myth"*, History Today, 35(1985), pp. 24-29 e William Urban, *"Der Deutsche Orden in amerikanischen Schulbüchern"*, Beiträge zur Geschichte des Deutschen Ordens (ed. Udo Arnold, Marburg: Elwert, 1986), pp.111-122.

nunciabile per conoscere la vita e la mentalità degli uomini con le Croci nere, e per capire come combattevano, e perché.

Al di là di agiografie e di preconcetti.

Infine, una parola per quanto riguarda la scelta di limitare la storia militare dell'Ordine Teutonico alle crociate baltiche ed all'espan-sione ad est.

Ciò è dovuto al fatto che i cronisti che scrissero delle crociate in Terrasanta tendevano ad incentrare la loro narrazione sui Templari, probabilmente in quanto il primo ordine mona-stico-cavalleresco ed esser stato istituito – ed in misura assai minore sugli Ospitalieri.

La mancanza pressoché assoluta di materiale spinge dunque per forza di cose ad occuparsi delle campagne europee dell'Ordine, anche se va detto come neppure i cronisti tedeschi diano descrizioni accurate dei combattimenti dell'Ordine in Prussia ed in Livonia, limitandosi a brevi menzioni delle vittorie e delle sconfitte dei Teutonici; ma in questo caso abbiamo almeno, oltre ai documenti dell'Ordine, le descrizioni di fonti interne ai Cavalieri Teutonici, come la *Cronaca rimata livone* (Hermanni de Warteberge, *Chronicon Livoniae*), scritta per gli stessi Fratelli, e per questo assai dettagliata.

Quanto alle crociate d'Oltremare, invece, il ruolo dei Teutonici e degli altri ordini minori è costantemente oscurato da quello svolto dai due ordini maggiori, così che, al di là della menzione della presenza dei Teutonici a Mansurah e dei contrasti tra Hermann von Salza ed i gran maestri del Tempio e dell'Ospedale, non è dato sapere quale sia stato il ruolo svolto dall'Ordine nella battaglia. Il silenzio delle fonti non deve però far pensare ad una sorta di inattività dei teutonici, che anzi crebbero sempre più d'importanza, come dimostrano le donazioni di feudi[7]; tuttavia il silenzio delle fonti non ci permette di sapere come e in che modo i Teutonici abbiano difeso la Terra santa. Si pensi che al di là della notizia che al *Deutscher Order* era stata affidata la difesa della parte settentrionale delle mura di San Giovanni d'Acri, i cronisti tacciono la presenza dei Teutonici sugli spalti della città nel 1291, insistendo, al contrario, spesso per motivi polemici, sul comportamento di Templari ed Ospitalieri. In questo caso però si ha l'eccezione costituita da un passo della cronaca di Thadeo di Napoli, che esalta il valore ed il sacrificio dei Teutonici, caduti combattendo sino all'ultimo uomo:

Come valenti guerrieri di Dio [i Teutonici] continuarono nella fatica del combattimento, e non pensando al guadagno materiale ma a quello spirituale, ricordando i propri voti, fiduciosi non nella propria forza ma in quella di Dio.
Anche quando furono stremati non vollero voltare la schiena e fuggire per la paura, ma la forza della Fede li mantenne nella decisione di morire per Cristo. Vennero annientati dalle empie spade, ma come vincitori, incoronati dall'alloro della vittoria, vennero accolti nella gioia del riposo eterno[8].

Forse il miglior tributo al valore dei Cavalieri della Croce nera che sia stato scritto.

---

[7] Le donazioni più importanti sono ricordate nella *Cronologia*.

[8] Thadeo di Napoli, *Historia de desolacione et conculcacione civitatis Acconensis et tocius terre sante in A .D. MCCXCI*, ed. A. Riant, Geneve 1873, p. 24.

Parte Prima

IN GOTES NAMEN FARA WIR[9]

Storia militare dell'Ordine Teutonico,
dei suoi nemici e delle Crociate del Baltico
(XIII-XVI secolo)

---

[9] *Partiamo in nome di Dio*, incipit di un canto tedesco di crociata databile probabilmente al XII secolo. Il testo completo recita:

In Gotes Namen fara wir,
Seyner Genaden gara wir.
Nu hellfe uns die Gotes Kraft,
und das heylig Grab,
Da got selber inne lag.
Das hellfe uns der heylig Geist,
und die ware Gotes Stimm,
daß wir frölich farn von him.
Kyrieleis.
(*Partiamo in nome di Dio, bramiamo la Sua pietà. Ora ci aiuti la forza di Dio, ed il santo Sepolcro, dove Egli stesso è sepolto. Ci aiuti lo Spirito santo, e la vera voce di Dio, perché bramiamo di partire. Kyrie eleison!*)
Ed. testo: U. Müller, *Kreuzzugdichtung*, Tübingen 1979.

1. Tedeschi e slavi

L'epoca del confronto armato dei tedeschi con gli slavi fu inaugurata dalla dinastia di Sassonia (919-1024), il cui primo esponente sul trono imperiale di di Germania fu Enrico I l'Uccellatore, che regnò dal 919 al 936.
Contemporaneamente si andavano formando i primi Stati slavi autonomi: la Grande Moravia del principe Svatopluk, lo Stato boemo dei Premyslidi e quello polacco, nonché la Rus' di Kiev, nel secolo X, il primo stato russo, dalle forti influenze vichinghe e bizantine[10].
A causa del fatto che i magiari avevano conquistato la Pannonia verso la fine del IX secolo, tendendo sempre più a sedentarizzarsi e ad usare la pianura pannonica come base per le proprie terribili scorrerie verso la Germania e l'Italia, i sassoni cominciarono a migliorare la propria organizzazione militare, riuscendo a conseguire alcune vittorie contro i magiari e gli slavi. Gli ungari vennero sconfitti nel 933. Tuttavia, le spinte autonomistiche e le continue rivolte dei grandi feudatari germanici contro il potere regio minavano la stabilità e le istituzioni del regno.
Per questa ragione la conquista delle regioni slave sulle rive dell'Elba iniziò veramente solo con Ottone I di Sassonia (962-73), che riuscì a sconfiggere gli unni e gli obodriti, ed i magiari nella decisiva battaglia dei campi di Lech del 955. Ottone seppe avvalersi del potere della chiesa latina, concedendo in cambio ampie prerogative militari e diritti di immunità alla nobiltà ecclesiastica e ai grandi monasteri; arrivò persino a nominare o a sostituire alcuni vescovi senza il previo consenso pontificio, sostenendo, come gli imperatori bizantini – o meglio, come è più esatto, romani d'O-riente – la superiorità del potere imperiale su quello ecclesiastico, ponendo così le basi di quella che di lì a poco sarebbe divenuta la "guerra per le investiture".
Ottone I in ogni modo riuscì in seguito a sottomettere i polabi e i redarii, i quali ad un certo punto preferirono convertirsi al cattolicesimo romano, accettando di pagare un tributo al regno Teutonico, e prestando altresì manodopera gratuita in caso di necessità. Gli ungari vennero di nuovo sconfitti nel 955, ponendo così fine alle loro incursioni in Germania. I feudatari germanici scesero anche in Italia, occupando il Friuli, la Lombardia e parte della Toscana. Dopo aver costituito numerose marche di confine (distretti militari), per contenere la minaccia slava, dopo aver fatto in pratica nascere il Brandeburgo e l'Austria, e aver ottenuto il riconoscimento della propria superiorità militare da parte del principe boemo Boleslao I, Ottone venne consacrato imperatore a Roma nel 962. Al pontefice l'imperatore promise la conversione forzata delle terre slave e l'istituzione dell'arcivescovato di Magdeburgo, che si estendeva dall'Elba alla Polonia (968).
L'impero cominciò in quest'epoca ad essere chiamato Sacro Romano Impero della Nazione Tedesca.

---

[10] Non va dimenticato come un gran numero di vichinghi di Rus', di origine svedese, prestasse servizio nella Guardia variega, la guardia personale- erede dei Batavi giulio-claudi e degli *Equites Singulares Augusti* – degli imperatori romani d'Oriente. Anche prima della conversione dei Rus', molti veterani varieghi si erano già convertiti all'Ortodossia durante il servizio a Costantinopoli, portando poi in patria i semi dei legami tra Bisanzio e quella che, a partire dal XVI secolo, si autodefinì la Terza Roma. Il ruolo dei varieghi nella diffusione dell'Ortodossia, del culto dei santi militari (Cosma e Damiano, Sergio e Bacco, che da medici erano diventati gli eredi dei Dioscuri ed i protettori dei cavalieri bizantini, dell'arcangelo Michele, etc.) e, soprattutto di Nostra Signora delle Blachernae, protettrice dell'esercito romano orientale – da cui derivò la Vergine di Khazan, la cui icona veniva esposta alle truppe russe prima delle battaglie sino al 1918 – è stato sino ad oggi trascurato dalla storiografia.

L'intento dei sovrani germanici era quello di imporre il dominio imperiale su tutta l'Europa occidentale, ristabilendo per quanto possibile l'Impero dei successori di Carlo Magno, per poi rivolgersi con decisione verso est, per porre fine una volta per tutte alle incursioni dei popoli confinanti ancora semibarbari, ma in quel momento la realtà feudale era piuttosto caratterizzata dal frazionamento dei centri di potere.

Alla fine del X secolo gli imperatori germanici non furono neppure in grado d'impedire agli slavi di impadronirsi le loro terre.

Nella marca di Brandeburgo, non riuscendo a sopportare il giogo feudale imposto loro dai sassoni, le tribù borusse degli obodriti e dei liutizi si ribellarono con forza nel 983, arrivando persino a invadere la Sassonia. Il confine era in pratica tornato sull'Elba.

Intanto però Boemia, Polonia e Ungheria, avendo accettato il cristianesimo latino, si stavano avviando a diventare degli Stati, con i relativi sovrani che tentavano di soffocare le spinte centrifughe dei potentati e dei clan locali.

Il papato, da parte sua, istituì subito due sedi metropolitane: una a Giezno, in Polonia, l'altra a Gran, in Ungheria, e incoronò i due re Boleslao Chrobry (1025) e Stefano, il primo re ungherese convertito al cristianesimo.

Particolarmente importante fu la conversione del re d'Ungheria, che ebbe come conseguenza la fine definitiva delle grandi incursioni magiare, che avevano nei secoli passati devastato l'Europa sino a Pavia ed all'Italia centrale.

Inutile dire che questa iniziativa ecclesiastica induceva i suddetti principi ad appoggiare il papa nella lotta per le investiture dei vescovi, e, di conseguenza, ad opporsi alle ingerenze imperiale nei loro Stati, tanto che gli imperatori Enrico II (1002-24) e Corrado II (1024-39) dovettero combattere contro Boleslao e i suoi successori, cercando nel contempo d'insediare in Boemia un principe a loro favorevole, che impedisse la caduta della regione sotto l'influsso polacco.

Enrico III (1039-56), della Casa di Franconia, venne sconfitto nel 1055 da parte dei liutizi e fallì nel tentativo di conquistare l'Ungheria.

Il successore Enrico IV (1056-1106) prese così seriamente le tendenze separatiste della nobiltà feudale che decise addirittura di invadere la Sassonia per renderla un possedimento privato della corona imperiale. Ciò provocò un'insurrezione dei contadini, guidata dai feudatari sassoni, in nome della liberazione dal giogo imperiale.

Tuttavia l'imperatore riuscì ad approfittare delle divisioni sorte tra contadini e nobiltà sassone, ed alla fine fu Enrico IV ad avere la meglio ed ad impadronirsi della Sassonia.

Sia come sia, di fatto già sotto Ottone III (983-1002) i sassoni erano in grado di dominare, in forme e modi diversi, interamente o in parte, i seguenti paesi: Italia, Burgundia, Germania e Sclavinia (la terra degli slavi più vicina ai confini del Sacro Romano Impero).

Lo spazio abitato dagli slavi rappresentava un terreno di missione cattolico-romana per la conversione delle genti barbare che l'abitavano e che minacciavano costantemente i paesi civilizzati dell'Impero e dei regni confinanti, e di espansione politico-militare.

Malgrado la battuta d'arresto causata dalla lotta per le investiture tra gli imperatori della Casa di Franconia e il papato, nel XII secolo avvenne un grandioso processo di colonizzazione contadina, da ovest verso est, dovuto al fatto che le contraddizioni feudali del servaggio si erano enormemente aggravate nell'area occidentale dell'Europa, specie dopo la ripresa delle attività commerciali inaugurate in Italia e nelle Fiandre, ciò che spinse molti contadini germanici a seguire i propri signori, od ad emigrare di propria sponte, nei nuovi territori apertisi ad oriente.

Furono i principi contemporanei al Barbarossa che, superata l'Elba, cominciarono a inglobare le rive del Baltico: Enrico il Leone, duca di Sassonia e di Baviera, e Alberto l'Orso, margravio del Brandeburgo, che conquistarono la Pomerania – anche se la sottomissione totale avvenne definitivamente soltanto nel 1180 – e nel 1147 attaccarono gli obodriti e i liutici, fino a conquistare il loro Stato nel 1160.

Federico I Barbarossa (1152-90), del casato Hohenstaufen, compì numerose spedizioni verso est. Nel 1157 invase persino la Polonia, il cui principe cattolico, Boleslao IV, aveva rifiutato di versare il tributo dovuto all'impero e di concedere il consueto contingente armato per le spedizioni italiane dell'imperatore.

Boleslao fu costretto a sottomettersi e pesante, di conseguenza, divenne l'ingerenza di Federico anche nei fatti interni di Boemia e Ungheria.

Nel corso delle sortite antislave egli si scontrò anche col duca Enrico il Leone, della casa dei Welfen (guelfi), che aveva creato un regno, dalla Baviera al Baltico, troppo grande per essere compatibile con la potenza imperiale. E probabilmente Enrico il Leone sarebbe diventato imperatore se avesse avuto l'appoggio degli altri feudatari e degli elettori dell'Impero.

In quella occasione Federico seppe sfruttare il fatto che Enrico si era rifiutato di fornirgli i contingenti previsti dai suoi obblighi feudali per la quinta discesa imperiale in Italia, nella quale il Barbarossa subì la grave sconfitta di Legnano da parte della Lega Lombarda (1176), appoggiata dal papa Alessandro III.

Convocata la dieta imperiale, Federico fece deporre Enrico, privandolo dei suoi beni (1180).

Enrico, in seguito, avrebbe guidato i principi tedeschi contro l'imperatore Enrico VI (1190-97), ma intanto i suoi feudi erano stati spartiti tra i principi laici ed ecclesiastici fedeli all'impero, e di questo ne approfittarono col tempo tanto i danesi, per espandersi anch'essi verso est, che la Lega Anseatica, una sorta di federazione delle ricche città mercantili del nord e dell'est (1161).

Questi conflitti interni alla Germania furono di un certo vantaggio per gli slavi, in quanto gli Staufen (Federico I, Enrico VI e Federico II) erano scarsamente radicati nel loro paese, né possedevano un forte nucleo territoriale ereditario, per cui erano continuamente costretti a usare truppe mercenarie, ad ampliare i loro territori con continue campagne militari, a cedere vari diritti pubblici a favore di principi locali, anche per assicurarsi un appoggio per la loro politica estera.

Nel 1156, tanto per fare un esempio, in virtù di tali concessioni, il casato di Babenberg ottenne la trasformazione della marca d'Austria, feudo revocabile, in ducato, ossia un possesso ereditario, e questo come premio per essere stata l'Austria il principale avamposto antislavo del mondo germanico nel corso di un secolo e mezzo.

In tal modo si faceva nascere l'Austria indipendente, che però col tempo guarderà al rapporto con gli slavi di Boemia e con i magiari d'Ungheria con un interesse maggiore che non verso la stessa Germania.

L'area territoriale della Germania era comunque raddoppiata dall'inizio delle crociate, giungendo a confinare direttamente con le popolazioni slave dalla Polonia alla Boemia, sino al principato di Novgorod.

In particolare, i territori tedeschi dell'Impero comprendevano i seguenti territori: Sassonia, Frisia, Turingia, Franconia, Svevia, Baviera, Lotaringia; a questi antichi possedimenti si univano la marca d'Austria, la Stiria, la Carinzia, la Carniola e il territorio abitato dai serbi di Lausitz, tra l'Oder e l'Elba. Erano inoltre vassalli dell'impero il regno di Boemia, lo Stato

degli obodriti, il patriarcato di Aquileia, i cui nobili erano di lingua tedesca, le terre dei conti di Gorizia e dei Signori di Wallsee (Duino, l'Istria, Fiume), la Lombardia e la Toscana nell'Italia centro-settentrionale, la contea di Borgogna.
Dopo la morte del Barbarossa, avvenuta durante la terza crociata, scoppiò la guerra civile tra i discendenti di Enrico il Leone, guelfi, e quelli di Federico, ghibellini, per la successione al trono tedesco e imperiale.

2. Le Crociate e gli Ordini Cavallereschi

Le crociate più importanti verso i territori a est del Sacro Romano Impero della Nazione Tedesca, verso l'area che oggi chiamiamo "baltica" e verso i paesi scandinavi si svolsero con l'appoggio decisivo della Chiesa romana e, in modo particolare, degli ordini monastico-militari, composti cioè da monaci-cavalieri, che si diffusero a partire dal secolo XI in tutti i territori investiti dal movimento delle crociate anti-islamiche, anti-pagane e anti-slave.

Questi ordini si comparvero in Terrasanta, dove nel 1119 vennero creati da un cavaliere della Champagne, Ugo de Payens, e da nove suoi seguaci, i Poveri Cavalieri di Cristo e del Tempio di Salomone, o Templari, i quali adottano nel 1128 una regola ispirata a quella benedettina, stesa da Bernardo da Chiaravalle, in cui vennero aggiunti ai tre voti consueti di povertà, castità e obbedienza un quarto voto, che contemplava gli obblighi militari.

Nel 1130, con l'arruolamento di alcuni cavalieri fatto dall'Ospeda-le di san Giovanni divenne anch'esso un ordine monastico militare, l'Ordine dell'Ospedale di San Giovanni, detto degli Ospitalieri, e nel 1198 venne creato quello dei Cavalieri Teutonici (la cui originaria denominazione era Ordine dell' Ospedale della Casa di Santa Maria dei Teutonici di Gerusalemme), fondato in Palestina da un gruppo di mercanti di Brema e di Lubecca, al seguito della terza crociata, dapprima solo con scopi assistenziali, poi anche militari, e successivamente perfezionato da Federico II intorno al 1212, adeguando gli statuti al modello ospitaliero per gli aspetti religiosi, e ad alla regola Templare per quel che riguardava la guerra.

In Spagna, in un altro luogo fondamentale per la lotta contro i nemici della cristianità, si hanno nel corso del secolo XII gli ordini di Alcantara (1156), Calatrava (1158) e di Santiago (1175), mentre a nord-est, sul fronte baltico, appaiono nei primi anni del secolo XIII i Portaspada e i Cavalieri di Dobrzin.

I Teutonici, a differenza degli altri Ordini, rimasero vincolati fin dalle origini ad un'idea dell'arruolamento di cavalieri e fratelli rigidamente circoscritta all'impero ed alla nazionalità tedesca, sia pure intesa come appartenente all'impero, comprendendo ad esempio la contea di Gorizia, la Borgogna o le Fiandre, ma anche, al tempo di Federico II, la Sicilia – nel 1377, per esempio, Raimondo del Balzo Orsini, conte di Soleto e Lecce, principe di Taranto, dopo aver partecipato ad una spedizione contro i lituani, entò nell'Ordine come Fratello cavaliere) sia per motivi linguistici – le regole e gli Statuti vennero redatti prima in tedesco e solo dopo in latino, e il tedesco era la lingua ufficiale dell'ordine, e furono soprattutto loro ad allargare il campo d'azione verso le regioni del nord-est europeo, dove c'erano da conquistare terre e da convertire uomini.

3. Le Crociate del Nord

L'elezione al trono imperiale del giovanissimo Federico II (1220-50), figlio di Enrico VI e di Costanza d'Altavilla, in seguito alla sconfitta di Ottone IV a Bouvines, e gl'interessi mediterranei prevalenti del giovane imperatore permisero ai danesi di espandersi così tanto che le terre slave a nord dell'Elba praticamente erano nelle mani del re Valdemaro II, re di Danimarca, detto il *Vittorioso* (1202-41). Questa prima crociata del nord, benché assai breve - si combatté soltanto durante l'estate del 1147 – permise di sottomettere il principe abotrita Nyclot e di spostare un poco più ad est i confini della cristianità, conquistando quei territori su cui oggi sorge la città di Lubecca.

In quest'epoca, la situazione dell'Europa settentrionale lungo le coste meridionali del Mar Baltico può essere descritta come segue: ad est del fiume Elba si estendeva il territorio degli Abotriti, Vagri e Polabi, popolazioni slave pagane, che confinavano a est con altre popolazioni anch'esse pagane e di ceppo baltico, i borussi, o prussiani, stanziati attorno al corso inferiore della Vistola. Seguivano i lituani, i lettoni (semgalli, curi e livoni) e infine gli Estoni. Mentre questi ultimi erano imparentati linguisticamente con gli ugro-finnici della Finlandia, le altre popolazioni pagane erano indoeuropee.

Due principi tedeschi, il Duca di Sassonia (1139-1180) e di Baviera (1156-1180), Enrico XII il Leone e il Re di Danimarca, Valdemaro I il Grande (1157-82), intrapresero una serie di guerre, con cui assoggettarono alla cristianità, nel giro di pochi anni, i territori dell'odierno Meklemburgo nella Germania settentrionale. I due sovrani, alleatisi, iniziarono, a partire dal 1158, una serie di azioni militari grazie a cui, nel 1160, la conquista dell'intero principato abotrita poté dirsi completa. Attorno al 1185 tutto il territorio compreso tra il corso settentrionale dell'Elba e il fiume Oder era di fatto annesso alla cristianità. Il principe del Meklemburgo, Pribislav I (1167 - principe dal 1170), e i suoi discendenti, si convertirono al cattolicesimo latino e parteciparono alle crociate successive.

Nel secolo XII fecero la loro comparsa in Estonia i monaci cistercensi, guidati da un certo Fulco, poi divenuto vescovo d'Estonia. Papa Alessandro III (1159-81) invitò con una sua bolla del 1171 a dare una mano al vescovo che si adoperava in tutti i modi per convertire i "pagani infedeli", promettendo l'assoluzione dei peccati a tutti coloro che avessero conquistato quelle terre. Si fecero così più frequenti le scorrerie dei crociati anche nella Russia nord-occidentale, soprattutto nei possedimenti dei principi di Polotsk e Smolensk.

Innocenzo III aveva predicato la crociata in Livonia, chiamando alle armi i cristiani per la difesa di quella chiesa, minacciata dai pagani.

Era questo un impegno che risaliva ai tempi del suo predecessore, papa Celestino III.

La causa era stata la missione, patrocinata dall'arcivescovo di Brema Hartwig, per convertire i livoni che abitavano lungo il fiume Drina, e creando una sede vescovile a Üxküll, espandendo così la propria influenza. Il monaco agostiniano di nome Meinhard divenne perciò nel 1186 "vescovo di Livonia e di Russia".

La missione, appoggiata personalmente da Celestino, fece però scarsi progressi, tanto che il papa nel 1193 e nel 1197 concesse indulgenze ai cavalieri che avessero partecipato all'impresa; nel 1198 però il vescovo di Üxküll, il monaco tedesco Bertold, successore di Meinhard, cadde nel corso dei primi scontri coi livoni, decisamente ostili alle forzate conversioni al cattolicesimo latino.

Hartwig nominò suo successore il nipote, Alberto di Buxtheode, colui che si sarebbe creato uno stato strappandolo ai pagani. Il 5 ottobre 1199 Celestino chiamò alle armi i crociati tedeschi contro i pagani, senza però concedere l'indulgenza plenaria, e considerando la crociata baltica come subordinata a quella in *Outremer*, autorizzando chi avesse fatto voto di andare a Gerusalemme, ma fosse troppo povero per adempiervi, ad andare a combattere in Livonia

Molti di questi crociati si stabilirono poi a Riga, che divenne un importante centro commerciale e militare.

Il vescovo Alberto ed i crociati tedeschi raggiunsero nel 1201, a bordo di ventitrè navi la foce della Dvina e si impadronirono della baia dei Semgali, annientando la resistenza dei livoni. Sul luogo, nel 120, venne fondata la fortezza di Riga, futura sede episcopale.

Le truppe più addestrate e pronte a intervenire in qualsiasi momento delle quali Alberto potesse disporre erano i cavalieri dell'Ordine dei *Poveri Cavalieri di Livonia*. L'ordine era stato istituito dal cistercense Teodorico nel 1202, come una sorta di esercito permanente a protezione delle conquiste già fatte contro i baltici di religione pagana.

L'Ordine Livonico, meglio noto come Ordine dei fratelli della Spada, o Portaspada (*Schwertbrüder*), a motivo del bianco mantello ornato su di una spalla da una croce patente rossa e da una spada, chiaramente ispirata dall'Ordine dei Templari, cui i Cavalieri livonici si ipirarono.

La regola adottata era la stessa dell'Ordine del Tempio, con rigida organizzazione gerarchica, indipendenza rispetto alla giurisdizione dei feudatari locali, esenzione dai tributi, subordinazione esclusiva alla sede pontificia.

Alberto cercò di evangelizzare gli estoni, un popolo pagano di lingua ugro-finnica imparentato con i finlandesi, e a tal fine consacrò vescovo suo fratello Hermann, che divenne ordinario di Tartu.

Alberto von Buxhoeved riuscì ad ottenere anche l'alleanza di Filippo di Svevia, re di Germania, che lo nominò principe dell'Impero, e quindi lo fece vassallo della corona tedesca.

Nella sua *Cronaca rimata lettone*, Enrico il Lettone spiega che l'attacco decisivo contro le terre baltiche dei livoni (lettoni) e degli estoni venne effettuato, tra il 1210 e il 1220, dai cavalieri Portaspada, che combattevano sotto l'egida del vescovo di Riga, con l'aiuto dei danesi.

All'ordine dei Portaspada spettò un terzo di tutte le terre conquistate. I danesi entrarono in gioco nel 1219, allorché il vescovo di Riga, incapace di fronteggiare la resistenza estone e con forze insufficienti per cristianizzare quei territori, preoccupato anche dall'acuirsi dell'interessamento dei russi di Novgorod per i propri territori, chiese aiuto, con l'appoggio di papa Onorio III, al re di Danimarca, Valdemaro II.

Già nel 1209 papa Innocenzo III aveva invitato Valdemaro II a

sradicare l'errore del paganesimo ed [ad] estendere i confini della fede cristiana [...] Lotta coraggiosamente e fortemente in questa battaglia d'armi da operoso cavaliere di Cristo.

Nello stesso giorno il papa scrisse ad Ottone di Brunswick ed ad altri nobili danesi parlando delle imprese di Valdemaro come di un *santo pellegrinaggio*, ossia come di una crociata, e accennando ad un'indulgenza per chi vi avesse partecipato.

Il re danese giunse in soccorso di Alberto con una potente flotta, e occupò l'isola di Ösel, una delle roccaforti estoni, che controllava il golfo di Riga. Sulla terraferma i danesi costruirono un campo fortificato che fu all'origine della città di Tallinn, il cui nome in estone significa appunto "città dei danesi" e che è chiamata Reval o Revel in tedesco. Nonostante quella collaborazione militare, le rivalità politico-economiche tra Portaspada e danesi saranno sempre molto forti.

Insieme ai danesi giunse come legato apostolico il monaco domenicano Dietrich, che avrebbe dovuto essere nominato vescovo d'Estonia, ma venne ucciso poco prima della consacrazione in uno scontro con gli estoni.

Nel 1222 gli estoni, ribellatisi, riuscirono a scacciare i danesi da Ösel, ed l 29 gennaio 1223 inflissero una grave sconfitta ai Portaspada presso la località di Fellin (Viljandi) e si allearono con i russi.

La reazione dei crociati non tardò a farsi sentire. Mentre infatti i danesi respingevano i russi da Tallin (Reval), nella primavera del 1224 i Portaspada, aiutati dai lettoni, occuparono Tartu (Dorpat), l'ultimo caposaldo della resistenza estone, e nel 1227 anche Ösel venne riconquistata.

Grazie all'arbitrato del legato pontificio Guglielmo da Modena, si giunse alla pacifica divisione delle terre conquistate tra danesi e cavalieri Portaspada. Ai danesi rimase la parte settentrionale del paese con la città di Tallinn, la parte centrale con Pärnu toccò ai cavalieri, mentre altri territori furono assegnati ai due vescovadi di Tartu e Arensburg.

Il progetto di Valdemaro II era di creare un impero danese lungo tutte le coste del Baltico, incluse le terre della Germania settentrionale, cosa che non poteva certo esser gradita né ai nobili tedeschi, né all'Imperatore, che cominciarono a pensare come sbarazzarsi del pericolo costituito dal sovrano di Danimarca.

L'occasione di regolare una volta per tutte i conti con Valdemaro si presentò quando questi venne catturato da un suo vassallo infedele, il conte Heinrich di Schwerin, mentre si trovava a caccia, e consegnato ad alcuni principi tedeschi, che videro l'occasione per ottenerne un ricco riscatto.

Lo stesso Federico II, che pure era stato appoggiato dal re danese contro Ottone IV, rivendicò il possesso di numerosi beni, accusando Valdemaro II di gravi mancanze di riguardo verso di lui e verso l'Impero cui aveva strappato illegittimamente terre e possedimenti.

Solo l'intervento del papa Onorio III a difesa del valoroso crociato del Baltico aveva posto un freno forzato all'avidità dei tedeschi; la situazione delle trattative per la sorte del re danese era ad un punto morto quando, come mediatore, si propose il giovane Gran Maestro Teutonico, Hermann von Salza.

E con lui entrarono nella storia delle crociate baltiche quelli che ne sarebbero ben presto divenuti i protagonisti indiscussi, destinati a legare per sempre indissolubilmente il proprio nome con quello di Prussia, Livonia, Lituania e Polonia: i cavalieri Teutonici.

4. L'Ordine Teutonico

L'*Ordine dell'Ospedale della Casa di Santa Maria dei Teutonici di Gerusalemme*, ossia l'Ordine Teutonico, era stato fondato come ordine ospitaliero ed assistenziale all'epoca del tragico assedio di Acri durante la Terza Crociata (1189-90) quando le malattie avevano decimato gli assedianti.

Così il *Prologo* dell'*Ordensbuch* narra la fondazione dell'Ospeda-le di Santa Maria dei Teutonici:

Nell'anno mille e cento e diciannove dalla nascita di Nostro Signore, mentre la città di Acri veniva assediata dai Cristiani, e, con l'aiuto di Dio, venne ripresa dalle mani degli infedeli, in quello stesso tempo c'erano nell'esercito un gruppo di buoni borghesi di Brema e di Lubecca, i quali, grazie alla misericordia di Nostro Signore, si impietosirono vedendo i bisogni di coloro che erano malati nell'esercito, e fondarono il summenzionato Ospedale sotto la vela di una nave, chiamata Cogge[11], sotto la quale posero i malati con grande devozione e curandoli con zelo.

Secondo la tradizione, dunque, a fondarlo infatti sarebbero stati due (o forse un gruppo?) anonimi borghesi, provenienti da città mercantili del nord della Germania, che vennero poi ricordati per sempre nella preghiera dell'Ordine, insieme con coloro che avevano beneficato i Teutonici:

[…] Pregate per tutti coloro che ci hanno lasciato eredità e doni, perché Dio non permetta loro di allontanarsi da Lui, né da vivi né da morti. Pregate per il duca di Svevia Federico e per il re Enrico suo fratello, che fu imperatore, e per gli onesti borghesi di Lubecca e di Brema, che hanno fondato il nostro Ordine. Ricordiamo anche il duca Leopoldo d'Austria, il duca Corrado di Masovia, il duca Sambor di Pomeralia [...][12].

Gli inizi non furono affatto facili; gli Ospitalieri si opposero a che i tedeschi avessero un proprio ospedale ad Acri, se non fosse stato sottoposto alla loro autorità, come infatti avvenne.

La *Continuazione Francese di Guglielmo di Tiro* narra i difficili esordi dell'Ordine

[…] A quell'epoca l'Ospedale tedesco non era potente come è adesso. L'emblema che indossavano era una ruota con al centro una mezza croce[13]. I fratelli cavalieri portavano mantelli di tela. Non osavano portarli bianchi per via dei Templari. Ma dal tempo della campagna di Damietta essi ebbero i mantelli bianchi con la croce senza la ruota[14].

Nel 1198 l'Ordine venne rifondato come ordine monastico militare, che, come gli Ospitalieri, aveva il duplice compito di combattere e di assistere i malati: a differenza dei Templari, se un fratello cavaliere si fosse ammalato di lebbra non sarebbe stato espulso dall'Ordine, ma curato negli ospedali Teutonici. La regola si basò su quella Templare. I Fratelli cavalieri potevano essere solo nobili, e, a differenza dei Templari, dove i Fratelli entravano nell'ordine dopo essere già investiti cavalieri mentre erano laici, i Teutonici veni-

---

[11] Un tipo di nave rotonda tipica delle marinerie tedesche del Mare del Nord.
[12] Dagli *Statuti* dell'Ordine.
[13] La croce a T sarebbe restata come emblema caratteristico dei sergenti.
[14] Cit. in P. D. Mitchell, *Medicine in the Crusades: warfare, wounds, and the medieval surgeon*, Cambridge 2004, p.91.

vano armati cavalieri solo una volta entrati nel *Deutscher Orden* –ciò che indica la giovane età delle reclute rispetto agli altri ordini militari. Ogni cavaliere aveva dieci attendenti, oltre ai servitori (*Halbbrüdern*). I membri non nobili dell'Ordine non avevano il diritto di portare il mantello bianco con la croce nera, ed erano detti *Mantelli grigi* (*Grauenmäntlern*). Come i Templari, i Teutonici potevano cacciare talune specie di animali pericolosi, quali il leone in Terrasanta, il lupo, l'uro, l'orso ed il cinghiale, con i segugi, e altre specie senza. Il Gran Maestro poteva cacciare ciò che desiderava con l'utilizzo di cani.

Era proibita la falconeria, ma era incoraggiata la caccia agli uccelli con l'arco, per incrementare l'abilità del cavaliere.

La caccia a cavallo era infatti un ottimo modo di addestrarsi, e di conoscere il territorio.

I cavalieri, in quanto monaci, facevano il triplice voto di povertà, obbedienza e castità. Al Teutonico era fatto divieto di avere a che fare da solo con donne, e persino di abbracciare propria madre o propria sorella.

Quando il postulante chiedeva di entrare nell'Ordine, veniva portato di fronte al Capitolo, che lo interrogava:

I Fratelli hanno udito la tua richiesta e vogliono sapere se quanto stiamo per dire può riguardarti. Se hai mai prestato giuramento di appartenere ad un altro Ordine; se ti sei mai promesso in matrimonio ad una donna; se sei servo di un altro uomo; se devi denaro a qualcuno o hai debiti che possono compromettere l'Ordine; se la tua salute è debole. Se una di queste circostanze è vera e tu non lo ammetti, nel momento in cui diverrà nota tu potrai essere espulso dalla confraternita.

Il postulante prestava quindi giuramento:

Prometto la castità del mio corpo, la povertà e l'obbedienza a Dio, a Santa Maria, ed a voi, Maestro dell'Ordine Teutonico, ed ai vostri successori, obbedienza fino alla morte, secondo le regole e le pratiche dell'Ordine.

A questo punto veniva investito cavaliere, e riceveva il mantello bianco, colore simbolo della castità[15], con la croce patente nera, che la Regola indica come simbolo di misericordia[16]. Tale mantello veniva portato in virtù di un privilegio confermato nel 1230 da papa Gregorio IX.

---

[15] Il paragrafo 20 della Regola Templare lo afferma chiaramente:
Se è possibile, concediamo vesti bianche, cosicché coloro che avranno abbandonata una vita tenebrosa, riconoscano di doversi riconciliare con il loro Creatore, mediante una vita trasparente e bianca. Che cosa di bianco, se non l'integra castità? La castità è sicurezza della mente, e sanità del corpo. Infatti ogni cavaliere, se non sarà preservato nella castità, non potrà raggiungere la pace perpetua e vedere Dio [...]

[16] Nella chiesa Templare di San Bevignate, a Perugia, sono visibili degli affreschi del XIII secolo rappresentanti cavalieri appartenenti ad ordini militari in Terrasanta. Si tratta certamente di Templari, data la collocazione in una chiesa appartenuta al Tempio, e come prova la presenza del *Beaussant*, la *Balzana*, lo stendardo bipartito bianco-nero dell'Ordine. I due cavalieri portano sullo scudo e sull'elmo una croce patente nera anziché rossa. Il perché non è chiaro: si è ipotizzato trattarsi di Teutonici, ciò che sembra improbabile data la collocazione degli affreschi e la presenza del *Beaussant* e di scudi bipartiti bianco-neri, oppure che il nero sia dovuto all'ossidazione del colore rosso originario, ma di solito è il nero a deteriorarsi in rosso mattone. È più probabile che almeno agli inizi anche i Templari utilizzassero la croce patente nera su campo bianco, che corrisponde ai colori dell'Ordine; ricordiamo che gli affreschi di San Bevignate, con quelli di Cressac in Francia, sono le sole raffigurazioni coeve di cavalieri Templari. Se la croce Templare era davvero nera, almeno agli inizi, i Teutonici copiarono semplicemente croce e mantello dal Tempio senza modificarli, così come fecero con la Regola. Ciò per dire quanto sia arduo stabilire con certezza le differenze tra i vari Ordini, al di là di disquisizioni più o meno dotte sul significato simbolico ed araldico del colore rosso della croce Templare, per di più riferiti ad un periodo – il XII secolo – in cui l'araldica non era ancora stata codificata.

Come ricorda la *Regola* teutonica, il mantello del cavaliere, come il pallio dei vescovi e le stole dei sacerdoti, era consacrato ed asperso di acqua benedetta: non era perciò un semplice indumento per ripararsi o per identificare il cavaliere ma un paramento sacro, simbolo dell'appartenenza ad un ordine monastico.

A differenza degli altri monaci cavalieri, i Teutonici imparavano la lingua delle zone dove operavano, in modo da poter comunicare direttamente con le popolazioni locali.

I Fratelli dormivano insieme, su paglericci, con gli abiti indossati durante il giorno, ma senza il mantello bianco. Le armi non potevano essere dorate, né potevano possedere alcunché. Essendo un Ordine religioso, erano presenti i Fratelli preti (*Priestenbrüdern*) che, nella gerarchia teutonica, venivano dopo i Fratelli cavalieri; i Fratelli preti si dedicavano solo a compiti ecclesiastici ed educativi verso i Fratelli, con la trascrizione di testi sacri negli *scriptoria* dei conventi, ed a volte come segretari ed amministratori degli ufficiali.

Tuttavia i Fratelli preti non potevano ricoprire cariche nell'Ordine, riservate ai soli cavalieri.

Va ricordato come, all'interno dell'Ordine Teutonico, vi fossero anche delle religiose: i primi insediamenti di Sorelle teutoniche avvennero nel baliato di Utrecht nel XIII secolo, con i conventi di Bun, nel 1271, e di Scoten, fondato nel 1299. Ebbero anche due scuole femminili, una a Berna ed una Francoforte creata nel XIV secolo per ragazze di famiglia nobile; tuttavia non c'è traccia di loro insediamenti nelle due province combattenti di Prussia e di Livonia[17].

Nel XIII secolo, in Palestina comparve una categoria di Fratelli intermedia tra i cavalieri, i preti e gli *Halbbrüdern*, i Fratelli sergenti, o *Sariantbrüdern*, di origine non nobile, che partecipavano alle operazioni militari insieme ai Fratelli cavalieri, ma a loro subordinati, e senza il diritto di portare il mantello bianco. Non avevano diritto nemmeno a portare come insegna la croce nera, e per loro venne riutilizzata l'originale croce a T dei primi anni dell'Or-dine.

I sergenti d'arme combattevano in unità di dieci soldati a cavallo sotto il fratello cavaliere, in unità dette *Bandiere*, in quanto l'insegna era la bandiera con l'arme del cavaliere stesso. I sergenti potevano, a differenza dei cavalieri, esser nati in Livonia od in Prussia, anche se la maggioranza era tedesca, e risiedevano in caserme separate. Anch'essi prestavano i tre voti. Mangiavano in tavole separate rispetto ai cavalieri ed ai servitori; il cavaliere condannato ad una pena leggera doveva mangiare per un anno al tavolo dei sergenti.

I sergenti indossavano a volte armature pesanti e cavalcavano cavalli da guerra ben addestrati, ma più spesso dovendo svolgere compiti di esplorazione e di scorta, erano armati più alla leggera, specialmente in Terrasanta, dove venivano posti al comando delle unità di *Turcopoli*, i cavalieri ed arcieri a cavallo arabo-cristiani armati alla leggera.

Infine, al livello più basso c'erano i servitori, i contadini ed artigiani che soddisfa vano i bisogni dell'ordine: maniscalchi, stallieri, fabbri, sellai, agricoltori, pastori e mandriani.

Come s'è accennato, venivano detti Mezzi fratelli, *Halbbrüdern* o Fratelli laici, *Laienbrüdern*, ciò che ne sottolineava la condizione inferiore rispetto ai Fratelli cavalieri, preti e sergenti, e mangiavano ad una tavola separata.

Erano anch'essi sottoposti all'obbligo di castità, obbedienza e povertà ed all'osservanza della Regola.

---

[17] Bogdan, *Les Chevaliers teutoniques*, cit., p.173.

L'organizzazione dell'Ordine rimase grossomodo la stessa dal tempo di Hermann von Salza sino al XVI secolo, sia pure con alcune riforme minori, come l'abolizione del titolo di *Landmeister* di Prussia quando la residenza del Gran Maestro venne trasferita a Marienburg.

I vertici dell'Ordine erano formati dal Gran Maestro (*Hochmeister*), assistito dal Gran Commendatore (*Grosskomtur*), e, per la parte militare, dal Maresciallo dell'Ordine (*Ordensmarschall*), mentre per quanto riguardava la parte assistenziale, quella amministrativa e quella economica, vi erano l'Ospitaliere (*Spittler*), il Quartiermastro, o Drappiere (*Trapier*) ed il Tesoriere (*Tressler*).

Il Gran Maestro ebbe nel corso della storia sempre più potere, e, dopo gli Statuti del 1297, divenne un vero e proprio sovrano che disponeva del potere assoluto su uomini e beni appartenenti all'Ordine. L'unico limite alla sua autorità era costituito dalla *Regola*, i cui articoli egli poteva però modificare di volta in volta, esentandone dall'osservanza chi avesse voluto, fatta eccezione per i tre voti di castità, povertà ed obbedienza.

Il Gran Maestro veniva eletto a vita dal Capitolo elettorale (*Wahlkapitel*) la cui composizione, scrisse Bogdan[18], derivava da una sintesi tra un sistema di elezione ed un sistema di cooptazione. Dapprima, l'insieme dei Fratelli designava, di comune accordo un Commendatore del Voto (*Wahlkomtur*), il quale, a sua volta, sceglieva un altro Fratello, con il quale sceglieva un secondo, poi, tutti e tre ne avrebbero scelto un quarto e via dicendo, sino ad arrivare al numero di tredici (numero simbolico di grande importanza per i Teutonici, perché simboleggiava gli apostoli e Gesù, come specifica la *Regola*[19]).

I tredici fratelli così cooptati costituivano il *Wahlkapitel*. Per tradizione otto Fratelli dovevano essere cavalieri, cinque Fratelli laici ed un solo Fratello sacerdote.

Al momento dell'elezione il *Wahlkomtur* designava ad alta voce colui che ritenesse più adatto a divenire il capo dell'Ordine, e se la scelta fosse stata approvata si sarebbe eletto il Gran maestro, altrimenti, come nel conclave papale o nell'elezione imperiale, si trattava sino ad arrivare ad un nome che andasse bene a tutti gli elettori. Questo sistema, rimasto in vigore sino al XVI secolo, permise di eleggere al gran magistero delle figure di grande spessore morale e personale.

I cinque grandi ufficiali che assistevano il Gran maestro, oltre al loro compito, svolgevano il ruolo di consiglieri dell'*Hochmeister*, venendo costantemente chiamati *Wisermanner*, gli "uomini più saggi", nella *Regola*.

Il *Grosskomtur* era il principale consigliere del Gran maestro, presso il quale risiedeva in permanenza, ed esercitava anche le funzioni di superiore della casa in cui abitava il Gran Maestro.

Subito dopo veniva il Maresciallo dell'Ordine, comandante degli eserciti Teutonici, responsabile di tutte le decisioni riguardanti la logistica, la strategia e la tattica; nelle campagne in cui era presente il Gran maestro l'*Ordenmarschall* svolgeva le funzioni di capo di stato maggiore, se non era presente l'*Hochmeister* era il Maresciallo dell'Ordine fungeva da comandante in capo, assistito da vari marescialli.

Il Drappiere, o Quartiermastro, in tedesco *Trapier*, come dice il nome stesso, si occupava sì dell'abbigliamento e dell'equipaggia-mento dei Fratelli, ma soprattutto era l'economo dell'Ordine, con responsabilità su tutti i beni, i feudi, e le proprietà. Dal Drappiere dipen-

---

[18] H. Bogdan, *Les Chevaliers teutoniques*, cit., p.166.
[19] Si ritrova il numero tredici nella composizione delle commende, formate da tredici cavalieri, e nella suddivisione delle province, come la Germania, in tredici baliati.

deva l'Ospitaliere, o *Spittler*, che aveva il compito di occuparsi delle attività caritatevoli ed assistenziali dell'Ordine, con la distribuzione delle elemosine, e del mantenimento e buna gestione dell'attività ospitaliera dell'Ordine, considerata essenziale e pari, se non più importante, di quella militare. Come ricorda la *Regola*, infatti,

Poiché questo Ordine ha avuto un ospedale prima ancora di avere dei cavalieri, come appare evidente dal suo nome – a causa del quale è chiamato l'Ospedale – noi decretiamo che nella Casa principale, oppure ovunque decida il Maestro con il consiglio del capitolo, ci sia sempre un ospedale.

ammonendo ancora che:

I comandanti ed anche gli altri Fratelli terranno a mente che, quando entrarono a far parte di questo santo Ordine per la prima volta, giurarono solennemente di servire i malati, oltre che di seguire l'ordine della Cavalleria.

L'Ospitaliere risiedeva ad Elbing, in Prussia, dove si trovava il più antico ospedale Teutonico (quello di S. Giovanni d'Acri era passato agli Ospitalieri di San Giovanni).
Infine il Tesoriere, o *Tressler*, si occupava di sovrintendere alla gestione delle spese e delle entrate del *Deutscher Orden*, e si occupava della riscossione delle tasse e delle decime dovute ai Teutonici.
A livello locale, il Gran Maestro nominava una gerarchia di ufficiali che si occupavano della gestione delle province (*Lander*).
A capo della provincia c'era il Gran commendatore (*Grosskomtur*), da non confondere col Gran commendatore dell'Ordine, che veniva più spesso indicato con il titolo di *Landmeister*, o Maestro della provincia; in Germania però il Maestro portava il titolo di *Deutschmeister* ossia *Magister Germaniae*. Quando nel 1525 il Gran Maestro Alberto del Brandeburgo si convertì al luteranesimo, secolarizzò i beni dell'Ordine e si sposò, il *Deutschmeister* Walter von Cronberg, rimasto cattolico, divenne il nuovo Gran Maestro pur mantenendo il titolo già ricoperto di Maestro di Germania, ed assunse il titolo di *Hoch- und Deutschmeister*, portato da tutti i suoi successori.
Dopo l'abbandono della Terrasanta ed il trasferimento dell'Ordine in Prussia, venne abolito il titolo di *Landmeister* di Prussia il *Grosskomtur* divenne castellano di Marienburg, la nuova sede del Gran Maestro, presso il quale risiedeva invariabilmente il Tesoriere.
Gli altri grandi ufficiali divennero anche amministratori locali: così, come ricordato, il Tesoriere ad Elbing, il Drappiere a Christburg, e l'*Ordenmarschall* a Königsberg, dove il quartier generale si sarebbe stabilito nel 1457, dopo la perdita di Marienburg.
All'interno delle province c'erano poi i baliati (*Ballei*), divisi in commende.
Tutti i commendatori delle province ed i grandi dignitari potevano riunirsi in un Capitolo generale, che costituiva l'autorità suprema all'interno dell'Ordine, con il compito di esercitare, a fianco del Gran Maestro, l'autorità legislativa, con la responsabilità su tutte le questioni inerenti alla Regola dell'ordine, e con diritto di controllo di tutte le nomine di dignitari.
Quando vi fosse necessità, il Capitolo generale aveva anche il ruolo di massima corte di giustizia dell'Ordine.
Il Gran Maestro poteva presentare delle proposte davanti al Capitolo generale, che di solito le ratificava, in caso di disaccordo si cercava una mediazione, anche se, secondo la Regola, ad essere decisiva era la decisione finale del Gran Maestro stesso:

Il Maestro di quest'Ordine, od i suoi delegati, potrà convocare insieme nella sede [dell'Ordine[20]] tutti i Fratelli ogni volta che desideri occuparsi o prendere decisioni su argomenti che riguardino l'intero Ordine, come continuare o cambiare e circa l'alienazione di terre o di piccole parti di possedimenti, [decisioni che] per essere eseguite devono venir ratificate dal Maestro e dal Capitolo, ed anche a proposito dell'ingresso di nuovi Fratelli nell'Ordine; e quando i Fratelli più saggi avranno deciso dopo la discussione, il Maestro od i suoi delegati provvederanno a rendere effettivo [quanto deciso].

La parte più saggia [dei Fratelli] in caso di disaccordo si affiderà alla decisione del Maestro o dei suoi delegati, e di conseguenza, la pietà, e la discrezione, e l'esperienza, e la buona reputazione avranno un maggior peso che la sola maggioranza dei Fratelli.

Il Capitolo aveva la facoltà, in casi eccezionali, stabiliti dal Capitolo generale tenuto a Venezia nel 1297, di convocare e sottoporre a giudizio l'*Hochmeister*, se questi avesse compiuto atti contrari ai doveri inerenti alla sua carica o in caso di infrazione della Regola; se il Gran Maestro non si fosse presentato davanti al Consiglio dopo esser stato convocato per tre volte, sarebbe stato ipso facto destituito.

Ciò avvenne con l'*Hochmeister* Gehrard von Malberg nel 1244, e nel 1413, quando venne deposto Heinrich von Plauen, eletto nel 1410, e destituito col consenso del papa e dell'imperatore.

Gli eserciti Teutonici erano generalmente composti da quattro elementi diversi: Fratelli, vassalli, mercenari, e crociati.

I combattenti dell'Ordine erano Fratelli cavalieri (*Ritterbrüdern*) o Fratelli sergenti (*Diendebrüdern*), che erano degli uomini d'arme di classe inferiore. I sergenti costituivano il nerbo del temutissimo nucleo di balestrieri dell'Ordine, uno dei migliori d'Europa, temutissimo da lituani e polacchi.

A partire dal XIV secolo, come in tutta Europa, anche le truppe teutoniche vennero organizzate in *lance*, ciascuna formata da un cavaliere, un uomo d'arme montato, ed un balestriere – o arciere – a cavallo, che combatteva con compiti di cavalleria leggera, più quattro cavalli, con il cavaliere che montava il quarto cavallo prima di entrare in battaglia, in modo di combattere su un destriero sempre riposato.

I cavalieri erano piuttosto pochi, e spesso servivano come ufficiali nei corpi delle leve feudali e di mercenari che combattevano per l'Ordine. I cavalieri provenienti dalla Germania settentrionale di solito prestavano servizio in Livonia, a fianco dei cavalieri locali, mentre i cavalieri della Germania meridionale erano dislocati in Prussia, ma, alla fine del XIV secolo, oltre ai tedeschi cominciarono ad essere presenti cavalieri polacchi, lituani convertiti e anche borussi più o meno germanizzati.

I vassalli dell'Ordine, a loro volta, fornivano sia cavalleria che leve feudali in cambio di terre.

La cavalleria leggera era arruolata sulla base di un cavalleggero ogni 40-50 *Hufen* di terra, agli inizi del XIV secolo, rapporto cresciuto ad un cavalleggero ogni 25-30 *Hufen* negli anni '70 del Trecento ed a uno ogni 10-15 *Hufen* agli inizi del XV secolo, anche se nei territori di confine della Samogizia e della Livonia il rapporto rimase più alto.

Gli uomini d'arme ed i cavalieri tendevano a servire in cambio della donazione di terre due o tre volte superiori a quelle concesse per ogni cavalleggero. In Estonia nel 1350 venne stipulato un contratto secondo il quale l'Ordine avrebbe dato cento *Hufen* ciascuno per un

---

[20] All'epoca della stesura della *Regola* Montfort, in Terra Santa, poi Venezia, e dal 1309 Marienburg.

tedesco *bene armato*, ossia un uomo d'arme, e per due estoni *che abbiano almeno elmo e scudo*[21].

I crociati, provenienti dalla Germania, ma anche dell'Italia, dall'Inghilterra, dalla Borgogna, dalla Fiandre, dalla Francia ed anche dalla Scozia, servivano nelle file teutoniche, o meglio, al loro fianco, per sciogliere un voto o acquisire indulgenze nella Crociata perpetua contro i pagani, ma anche, e soprattutto, per acquisire gloria personale nelle *Reysen*. Ce ne occuperemo più avanti, qui basti ricordare come il cronista borgognone Enguerrand de Monstrelet ricordi la presenza di cavalieri dell'Hanaut, della Piccardia e della Normandia che combatterono con l'Ordine a Tannenberg contro i polacco-lituani nel 1410.

Nel 1413 c'è l'ultima menzione di crociati borgognoni, impiegati contro i polacchi.

Anche gran parte della fanteria dell'Ordine era formata dal seguito dei nobili e dei signori che partecipavano alle crociate del Baltico (per esempio, nel 1377 il duca Alberto d'Austria aveva al seguito 2.000 uomini, nel 1392 il conte di Derby, il futuro Enrico IV d'Inghilterra, aveva con sé compagnie formate da 150-200 uomini[22]), mentre altri arrivavano come crociati per eseguire una penitenza ed adempiere voti, che venivano inquadrati con la fanteria, e ovviamente avevano una grande motivazione. Altra fanteria era fornita dalle milizie civiche delle città tedesche, o anche dalle leve feudali di locali che risiedevano nelle terre dell'Ordine, fatte di borussi, semgalli, livoni ed estoni.

Queste leve, importanti nel XIV secolo, cominciarono a perdere d'importanza dal Quattrocento, ma ancora nel 1434 nel corso di una campagna contro i polacchi in Samogizia vennero impiegati 800 miliziani curoni, con 40 cavalieri Teutonici.

I nobili baltici, sia quelli convertiti che quelli tedeschi trasferitisi in Prussia ed in Livonia, di rado possedevano renditi bastanti a permettere loro di poter servire come cavalieri o amministratori a tempo pieno, né i Cavalieri Teutonici avevano alcuna intenzione di creare una classe di cavalieri laici radicata nel Baltico, che ne avrebbe alla lunga indebolita l'autorità e decurtate le rendite.

I Teutonici cedevano solo piccoli feudi, per lo più piccole concessioni nella zona di Kulm, a favore dei cavalieri polacchi al servizio dell'Ordine.

I Maestri incaricavano spesso i Fratelli cavalieri di addestrare e guidare in battaglia le truppe locali.

Questi cavalieri erano chiamati "difensori", e risiedevano con le milizie da loro addestrate, di cui spesso parlavano la lingua.

Quanto ai cavalieri Teutonici, è difficile calcolarne il numero.

Per i primi anni dell'Ordine e sino alla fine del XIV non è possibile, stante lo stato della documentazione, fornire cifre.

In compenso è quasi certo che un buon numero di Templari tedeschi abbia trovato rifugio nelle fortezze teutoniche, e sia entrato nell'Ordine allo scioglimento del tempio nel 1317[23].

La documentazione circa il numero dei cavalieri è più precisa per il periodo tra la fine del XIV e il XV secolo; sebbene imprecise, permettono almeno di avanzare delle ipotesi, sia pure assai diverse tra loro.

Nel 1370 secondo Heath c'erano almeno 700 Fratelli cavalieri nella sola Prussia, anche se Bogdan avanza la cifra di 2.000 o addirittura 3.000 nella stessa regione al principio del XV secolo e di cinquecento in Livonia[24].

---

[21] I. Heath, *Armies of the Middle Ages*, 2, Worthing 1984, p.67.
[22] Trecento secondo altre fonti.
[23] Bogdan, *Les Chevaliers teutoniques*, cit., p. 174.

Dato che ogni cavaliere aveva un seguito di dieci uomini, si vede come l'Ordine fosse in grado di mobilitare un gran numero di combattenti, che andavano dalla feccia slava reclutata a forza ai migliori e più motivati combattenti dell'epoca, ossia gli stessi Fratelli cavalieri.

Dato il numero limitato dei cavalieri, grande importanza era infine data dai Teutonici alla cavalleria leggera, i cui elementi locali continuarono ad esser chiamati *Turkopolen*, come la cavalleria leggera di origine orientale che combatteva con i crociati in Palestina e Siria, anche quando erano estoni o baltici, e che poteva muoversi assai agevolmente e velocemente lungo le pianure sabbiose della Pomerelia tanto quanto nei boschi della Livonia.

Un fatto capitale nella storia dell'Ordine Teutonico fu la nomina a Gran Maestro, nel 1210, del discendente di una famiglia della piccola nobiltà della Turingia, Hermann von Salza.

---

[24]Ibid., p. 174. Secondo Heath, *Armies of the Middle Age*, cit., p.67, nel 1400 i cavalieri, tra Livonia e Prussia erano 1.600 in totale.

5. Hermann von Salza
e la conquista della Prussia

Hermann von Salza fu l'uomo che, con la sua azione politica, segnò per sempre la storia dei rapporti tra tedeschi, baltici e slavi in Europa settentrionale, rendendosi conto che la situazione in Palestina e Siria non avrebbe consentito ai crociati di mantenere le proprie posizioni, e che l'unica espansione politica possibile per i popoli germanici era verso est, piuttosto che verso la Francia, che andava sempre più rafforzando la propria unità con i sovrani capetingi, o verso Sud, dove i comuni dell'Italia settentrionale ed il papato costituivano ostacoli insormontabili.

Ad Est, al contrario, le popolazioni slave e baltiche, in gran parte pagane[25], avrebbero consentito la creazione di uno stato Teutonico che avrebbe potuto contare su una grande quantità di forza lavoro e di enormi risorse in termini di metalli, legname, pelli, e di porti aperti al commercio marittimo verso il nord. Un'idea geopolitica che dal medio evo sarebbe giunta, senza soluzione di continuità, sino alle pagine del *Mein Kampf* hitleriano.

Hermann era nato a Lagensalza, presso Eisenach, in Turingia, da una famiglia di *ministeriales* in una data incerta. Secondo alcuni autori sarebbe nato nel 1170, secondo altri tra il 1779-1180. Come molti cadetti della piccola nobiltà, von Salza era escluso dall'eredità di famiglia, ed entrò nell'ordine Teutonico nell'ultimo decennio del XII secolo; probabilmente nel 1196 Hermann era in Terrasanta, dove si rese conto di come l'idea di crearvi un regno cristiano fosse pura utopia, in un territorio abitato in gran parte da non cristiani, minacciato da Seleucidi ed Ayyubidi, e ridotto ad una fascia costiera che correva da Giaffa a Beirut; inoltre, l'apporto di forze fresche dall'Europa era insufficiente.

Von Salza divenne Gran Maestro nel 1209, succedendo ad Heinrich von Bard; fin dall'inizio tentò di rendere l'Ordine potente quanto i due grandi ordini Militari, Templari ed Ospitalieri, cosa che, grazie ad una straordinaria capacità organizzativa ed all'appoggio imperiale, gli riuscì nel corso di pochi anni.

Nel 1216 conobbe Federico II alla dieta di Norimberga; quello stesso anno i pruteni avevano saccheggiata la Pomerania e la Polonia, bruciando Chelmo, con rapidissime e violente scorrerie, che diffondevano il terrore tra i polacchi. Furono proprio queste incursioni che aprirono la strada all'Ordine Teutonico come potenza egemone all'est per i prossimi tre secoli: alle incursioni si rispose prima con le crociate, poi con l'appello all'Ordine Teutonico perché intervenisse direttamente.

---

[25] Come ricorda W. Urban (*The Teutonic Knights*, cit., p.132 n.1, gli storici hanno versato fiumi di inchiostro per stabilire le caratteristiche della religione dei popoli baltici. Le opinioni più recenti vanno da quelle espresse da Marija Gimbutas – l'inventrice di un presunto culto primordiale della Grande madre, soppiantato poi da culti patriarcali maschili, idea tanto gradita alle femministe degli anni settanta ed ai neopagani tipo "Wicca" quanto criticata dagli storici delle religioni – con *The Balts*, London 1963 a quelle di Algirdas Greimas, che nel suo *Of Gods and Men: Studies in Lihtuanian Mythology*, Indiana 1992, che descrivono, per usare le parole di Urban, un intero pantheon di spiriti e di dei, sino a *Foreward to the Past: A Cultural History of the Baltic People*, Budapest 2000, di Endre Bojtàr che sostiene quella che è anche l'opinione di chi scrive, ossia che della religione dei baltici non sappiamo niente: le divinità, i loro nomi, e buona parte del folklore baltico non sarebbero altro che invenzioni del XIX secolo, non lontani forse da certi culti neopagani di oggi (che, guarda caso, si rifanno ad autori molto fantasiosi quanto scientificamente inattendibili come la Gimbutas stessa).
Le più antiche fonti sul paganesimo lituano a venir raccolte in lingua locale – e secondo Bojtàr con molta fantasia creativa – sono quelle riportate da W. Mannhardt in *Letto-Prußische Götterlehre*, Riga 1863.

Salza e Federico legarono subito, e il gran maestro dimostrò sempre un'inflessibile dedizione alla causa imperiale, pur essendo a capo di un Ordine che rispondeva direttamente al pontefice. Anche durante le crociate contro Federico i Teutonici rimasero costantemente fedeli all'Hohenstaufen, guadagnandosi la sua riconoscenza, tanto da incamerare i beni sequestrati da Federico II agli odiatissimi Templari nell'Italia meridionale ed in Sicilia.

Tuttavia von Salza non si schierò mai contro il papato apertamente, agendo anzi da mediatore e da diplomatico tra il proprio sovrano ed il pontefice, costituendo sempre un tramite tra i due poteri in lotta. Il nuovo Gran Maestro godé infatti della fiducia assoluta dei papi del suo tempo: Innocenzo III (1198-1216), Onorio III (1216-1227) e Gregorio IX (1227-1241), nonché, come detto, di quella dell'Imperatore Federico II, di cui, finché visse, fu ascoltato consigliere.

Von Salza venne nominato, con i suoi successori, membro di diritto della corte imperiale, con la facoltà di alloggiarvi con il seguito.

Allo stesso tempo, Salza fu straordinariamente ambizioso ed avido, sia pure non per sé ma per l'Ordine cui aveva dedicato la vita, pronto, pur fedele a Federico, ad utilizzare il papa quando necessario, come era avvenuto nel fallito tentativo di creare uno stato Teutonico a spese del regno d'Ungheria, dove i Teutonici erano stati chiamati in aiuto da Andrea II contro i cumani; ma l'avidità dimostrata con il tentativo di creare un proprio territorio indipendente a Burza aveva provocato l'intervento del sovrano magiaro che, malgrado l'appello a papa Onorio III, aveva espulso l'Ordine dal proprio regno nel 1225.

Andrea II aveva concesso all'Ordine una terra deserta e disabitata nella Transilvania, in tedesco *Siebenburger*.

I Teutonici ingrandirono progressivamente i loro domini, finché cominciarono ad arrivare i primi coloni dall'ovest, generalmente contadini sassoni e mercanti. L'intenzione era quella di creare uno Stato esteso dal Danubio al Mar Nero.

Malgrado le pressioni effettuate dai nobili ungheresi perché espellesse i Teutonici, Andrea in un primo momento rifiutò, difendendo l'operato dei Teutonici e la protezione che solo loro potevano dare contro i cumani.

Tuttavia, il re cominciò a temere fatali conseguenze per il proprio Stato, nel momento in cui von Salza si rivolse al papa per mettere sotto la protezione del pontefice i territori ungheresi dell'Ordine, di fatto sottraendoli all'Ungheria. A questo punto il sovrano ungherese intervenne ed espulse l'Ordine Teutonico dal proprio territorio.

Ma ciò aveva soprattutto indirizzato la mente dell'*Hochmeister* Teutonico verso i piani di colonizzazione del Baltico era la conoscenza che aveva il Gran Maestro della situazione in Terrasanta.

Von Salza aveva infatti partecipato alla quinta crociata ed alle operazioni contro Damietta, dove si era guadagnato la stima, per sé e per l'Ordine, del re titolare di Gerusalemme, Giovanni di Brienne. La crociata però si arenò per venti mesi davanti alle mura di Al Mansurah, dove si era asserragliato il sultano ayyubide al Kamil, nell'attesa dell'arrivo di Federico II, che aveva promesso il proprio intervento – che non arrivò mai – a papa Gregorio IX.

Nel 1221, seguendo un infervorato sermone del legato pontificio Pelagio, che vi aveva inserito profezie di vittoria sicura – gli era apparso re Davide in persona che lo aveva invitato ad attaccare – e di un re che marciava alle spalle dei musulmani (forse un'allusio ne ai mongoli di Gengis Khan), i Maestri di Templari, Ospitalieri e Teutonici, rispettivamente Pierre de Montaigu del Tempio, Garin de Montaigu dell'Ospedale, ed il von Salza, l'unico a dichiararsi contrario, ma che non poté tirarsi indietro per non passare da vigliacco, ordinarono l'attacco decisivo contro al Mansurah, che si concluse in una disfatta. Von Salza venne preso prigioniero, e riscattato poco tempo dopo, ma ciò lo convinse dell'inutilità degli sforzi contro gli Ayyubidi (sul punto di essere soppiantati dai Mamelucchi) ed i Selgiuchidi, troppo organizzati, e su come invece fosse il caso di puntare sulla conquista e la cristianizzazione dei pagani del Nord Europa.

Von Salza vedeva in Valdemaro un concorrente dei Teutonici nel *drang nach Osten*, e nella situazione presente un modo per arricchire l'Ordine Teutonico. Riuscì ad ottenere quindi che, in cambio della liberazione del loro re, i danesi, oltre a cedere feudi tedeschi e baltici ed a pagare un ingente riscatto in argento sia al von Schwerin che l'aveva catturato, sia ai suoi carcerieri che all'Imperatore, abbandonassero Lubecca, che divenne liberà città imperiale, e le posizioni del Baltico, facendo scadere la Danimarca dal ruolo di grande potenza a quello di vassallo di Federico.

Una volta libero, l'energico Valdemaro II reagì scatenando, nel 1227, un attacco contro la Germania settentrionale, risoltosi in un disastro per i danesi, che vennero sconfitti nella battaglia di Bornhoved.

Fu la fine di Valdemaro.

Malgrado il crollo dei sogni di un impero baltico, i danesi conservarono l'Estonia settentrionale sino al 1346.

Il successo ottenuto dal Gran Maestro nelle trattative con i danesi lo fece salire nell'opinione di Federico II, che decise di avviare una politica di espansione verso il nord.

Come reazione all'espansionismo danese nel Baltico, Federico II nel 1224, a Catania, sicuramente su ispirazione di von Salza, dichiarò di aver deciso di prendere *sub nostra et imperii protectione et speciali defensione* le popolazioni che, *in septentrionalibus parti bus constitute, videlicet in Livonia, Estonia, Samblandia, Prussia, Semigallia, et in aliis provincis convicinis*, avesseo deciso di diventare cristiane, *expulsa de cordibus eorum superstitionibus caligine*, garantendo l'indipendenza dei popoli che si sarebbero convertiti al culto del vero Dio, ed il mantenimento delle franchigie di cui godevano i pruteni, li esentava dalla sottomissione feudale a re, duchi, e con la presente bolla – diretta oltretutto a popolazioni analfabete – ne sanciva l'appartenenza alla Santa Chiesa ed all'Impero.

Nel 1226, dopo aver sancito privilegi per l'Ordine Teutonico in Terrasanta (confermati da una lettera della principessa Isabella, unico documento firmato da una figlia dell'Imperatore), Federico II emanò nel marzo la celebre Bolla d'oro di Rimini, con la quale autorizzava Hermann von Salza a ricevere

Quod devotus nostrus Conradus, dux Masovi[a]e et Cuyavi[a]e promisit et obtulit providere sibi et fratribus de terra qu[a]e vocatur Colmen et in alia terra, inter marchiam suam videlicet et confinia Prutenorum.

Infatti, i pruteni avevano continuato a minacciare le terre di Corrado di Masovia, che nel 1225 si era rivolto all'Ordine in cerca di appoggio.

La bolla insomma insediò in Polonia l'Ordine, il quale aveva sino ad allora combattuto in Terrasanta, appoggiando il Gran maestro Hermann von Salza nel conquistare la Prussia per l'onore e la gloria di Dio, con il diritto di battere moneta, aprire mercati, sfruttare le miniere di oro, argento e sale, esigere tributi *perhenniter*. I Teutonici, proseguiva Federico, avrebbero potuto nominare *judices et rectores* per amministrare la giustizia sui nuovi sudditi, tanto cristiani che pagani, e punire i delitti anche con lo *ius sanguinis*.

L'Imperatore concedeva all'Ordine in perpetuo dominio, oltre alle terre date da Corrado, anche tutto ciò che avessero conquistato *in partibus Prussi[a]e* affinché le mantenessero libere ed a propria disposizione senza doverne rispondere a nessuno. Infine Federico ammoniva duramente che nessun principe, duca, marchese, conte, ministeriale, *advocatus, nullave persona sublimis vel humilis, ecclesiastica vel mundana* osasse opporsi all'editto.

Con la Bolla d'oro di Rimini, inoltre, Federico concedeva al Gran Maestro e ai suoi successori il titolo di Principe dell'Impero per la provincia del Kumerland (Chelmo) e per tutte le future conquiste in terra prussiana, con facoltà di creare uno Stato vassallo nei territori che avrebbero conquistato a spese dei prussiani, o borussi[26],

Nella primavera del 1230, dunque, il precettore Hermann Balk, accompagnato da un gruppo di cavalieri Teutonici, raggiunse la Vistola, chiamato, come s'è appena detto, da Corrado di Masovia, il quale nel 1225 s'era rivolto all'Ordine Teutonico per ottenerne l'appoggio contro la minaccia prutena. I Teutonici ottennero il villaggio di Niesawa, che divenne la prima base per la loro espansione; certo Corrado non si sarebbe rivolto all'Ordine, se avesse creduto di consegnare tutto il suo stato e non poco più di un'abbazia.

---

[26] Per chiarezza, utilizzeremo il termine *borussi* per indicare gli abitanti non tedeschi della Prussia. I resti di tali popolazioni non si germanizzarono completamente che nel XIX secolo: ancora durante le guerre napoleoniche vi erano reparti formati da borussi, i Vendi, provenienti dalla zona di Cottbus, che davano del *tu* ai propri ufficiali, in gran parte non capivano il tedesco, e parlavano per lo più nel proprio dialetto baltico.
Quando nel 1945 i polacchi ed i sovietici costrinsero all'esodo gli abitanti della Prussia Orientale, una gran parte dei profughi era discendente degli antichi borussi.

6. La Livonia dai Cavalieri Portaspada
alla battaglia del Lago Peipus

I Teutonici, come si è avuto modo di dire, erano già stati preceduti sul Baltico da un altro ordine monastico-militare tedesco, quello dei Poveri Cavalieri della Livonia, o Portaspada, che agiva nelle regioni baltiche, in Livonia contro lettoni ed estoni.
A differenza dei Teutonici, che comprendevano solo cavalieri nobili, i Portaspada includevano anche membri di classi meno elevate, come i borghesi, armati cavalieri per la crociata. Come abbiamo ricordato, nel Baltico la prima chiesa vescovile, dipendente dalla sede di Brema, fu eretta nel 1184, e nel 1200 il nuovo vescovo Alberto capeggiò subito una crociata nella regione, con l'avallo di papa Innocenzo III e con la partecipazione di molti nobili tedeschi. L'anno seguente fu fondata Riga.
I Fratelli della Spada, come si è detto, furono inglobati per volere del papa Gregorio IX nell'Ordine Teutonico nel 1237, malgrado l'opposizione di von Salza, che aveva un concetto assai scarso dei cavalieri livoni e che in precedenza s'era opposto alla fusione dei due ordini. I dubbi di von Salza avrebbero trovato una dura conferma nella battaglia del lago Peipus nel 1241, dove, va detto, i Teutonici, in massima parte vecchi Fratelli della Spada, furono coloro che si batterono meglio e più a lungo, soccombendo solo alla massa delle *druzhine* rus', e solo dopo la fuga di estoni e danesi.
L'Ordine in Livonia ebbe da allora un'organizzazione diversa rispetto alle altre province, in modo da salvaguardare l'eredità dei Portaspada.
Il *Landmeister* di Livonia, a differenza degli altri comandanti provinciali, ma come l'*Hochmeister* aveva il proprio Maresciallo, il proprio Ospitaliere, il Drappiere e così via, in modo da riprodurre su scala locale l'organizzazione dell'Ordine Teutonico. In tal modo i Portaspada, almeno sino alle riforme seguite alla sconfitta contro Novgorod nel 1241, mantennero in massima parte la propria autonomia, pur facendo parte dell'Ordine dell'Ospedale della Casa di S. Maria dei Teutonici, adottandone la Regola e la croce nera e riconoscendo l'autorità del Gran Maestro.
Nei secoli XII-XIII vi furono in Germania numerose insurrezioni contadine che attenuarono il duro giogo feudale, ma che venivano più che altro sfruttate dai principi per impedire che l'imperatore formasse uno unico Stato centralizzato. Anzi, i principi acquisirono tanti di quei privilegi (p. es. creare dogane, battere moneta, riscuotere imposte, gestire l'alta giustizia), tanto che praticamente Federico II si sentiva a casa sua più nel regno delle Due Sicilie che in Germania. Il suo obiettivo principale era quello di conquistare tutta l'Italia per potersi poi imporre sui principi tedeschi, ma, a causa dell'ostilità del papato e delle città borghesi, l'impresa non gli riuscì. Alla sua morte tutti i beni della corona furono divisi tra i vari principi tedeschi.
Finita la dinastia degli Hohenstaufen, la Germania si trovò in un caos senza più alcun principe in grado di occupare il trono imperiale: l'espansione politico-militare verso le regioni baltiche era virtualmente concluso.
I Teutonici avevano raggiunto l'Oder, poi le rive del Baltico e potevano, volendo, colonizzare le terre polacche, ungheresi, boeme della Pomerania e della Slesia, poiché queste riconoscevano, almeno formalmente, l'autorità imperiale.
Ma essi si spinsero fino ai territori compresi tra la Vistola inferiore e il Niemen, nel bacino della Dvina occidentale, lungo le rive del golfo di Riga, fino al lago Čud. In Italia avevano

numerosi possedimenti nell'area meridionale, inclusa la Sicilia, molti dei quali sequestrati ai Templari da Federico II.

Papa Eugenio III (1145-1153), su consiglio di Bernardo di Chiaravalle, che, dopo la caduta della Contea di Edessa in mano ai turchi Selgiuchidi, nel 1146, stava predicando e organizzando una crociata per la Terrasanta, vista la situazione favorevole in cui si trovava il confine nord-orientale dell'Impero romano-germanico, a causa della presenza di vari potentati pagani che si pensava fossero poco organizzati e militarmente deboli, decise, con l'emanazione della bolla *Divina dispensatione*, di proclamare la prima vera crociata del nord, offrendo a coloro che vi avessero partecipato gli stessi privilegi spirituali di chi partiva per la Terrasanta.

Alla spedizione, guidata dal vescovo Anselmo di Havelburg, parteciparono, oltre a vari crociati della Germania settentrionale, anche gruppi di danesi e di polacchi.

Durante il trentennio tra il 1040 ed il 1470, in seguito alla repressione dell'insurrezione contadina degli anni 1037-38, i feudatari si erano stretti attorno ai principi Casimiro I il Ricostruttore (1039-58) e Boleslao II (1058-79), i quali, sfruttando la lotta per le investiture tra Enrico IV e Gregorio VII, si erano liberati dell'influenza germanica.

Tuttavia, i feudatari polacchi, non sopportando più l'autoritarismo di Boleslao II, ch'erano arrivati a eliminare il vescovo di Cracovia, mandarono al potere, con l'appoggio dei tedeschi e dei boemi, Ladislao I (1079-1102), il quale ovviamente rinunciò a ogni politica centralistica.

Di questa debolezza del sovrano polacco – a metà del XIII secolo la Polonia venne divisa in 20 ducati, pressoché indipendenti dall'autorità reale – cercò di approfittarne l'imperatore tedesco Enrico V, ma nel 1109 venne sconfitto dalla stessa popolazione polacca.

Fu l'ultima vittoria significativa.

Infatti, nel 1157 il marchese Alberto l'Orso s'impadronì del Brandeburgo, presso la frontiera polacca. Negli anni '60 e '70 il Barbarossa riuscì a sottomettere i popoli polabo-baltici. Nel 1181 il principe della Pomerania occidentale si riconobbe vassallo dell'imperatore tedesco.

La Polonia del principe Corrado di Masovia (Masuria) e Culavia (due regioni del bacino della Vistola, oggi in territorio polacco) chiese aiuto al pontefice Gregorio IX, che gli inviò i cavalieri Teutonici allo scopo di soggiogare i borussi.

Realizzato tale compito, i Teutonici, dopo essersi uniti coi Portaspada, coi quali conquistarono alcune terre baltiche orientali, si costituirono, sulla base della Bolla d'oro, come Stato, stringendo così la Polonia da due lati e indebolendola al punto che nulla poté fare al cospetto delle devastanti invasioni mongolo-tartare del 1241, 1259 e 1287.

Dal XIII secolo in poi la Polonia non poté impedire in alcuna maniera il grande afflusso di coloni tedeschi all'interno dei suoi territori.

A est della Lettonia si trovava il principato russo di Polotsk, da cui dipendevano alcune terre baltiche. I Portaspada, se non fosse stato per la resistenza delle popolazioni locali, avrebbero occupato anche questo principato. Particolarmente dura fu la repressione nei confronti degli estoni, almeno fino a quando questi non cercarono l'appoggio dei russi di Pskov e Novgorod.

Guidato dal principe russo Jaroslav, l'esercito di Novgorod nel 1234 riuscì a compiere una serie di efficaci incursioni contro i crociati, che subirono una sconfitta nei pressi di Tartu (Jurjev) e furono costretti a sottoscrivere un trattato di pace.

Vista la difficoltà di occupare i territori russi, i Portaspada si concentrarono in direzione della Lituania, le cui tribù, temendo di fare la fine degli estoni e dei lettoni, avevano deciso di unificarsi sotto un unico comando. E infatti nel 1236 i Portaspada subirono una netta sconfitta nei pressi di Shauljai, dove cadde il Gran Maestro dell'Ordine, Volkwin. Grazie a questa vittoria si costituì nel 1240 il regno di Lituania, con a capo il granduca Mindovg (Mindaugas), che seppe sottomettere al proprio potere gli altri duchi lituani.

Dopo le sconfitte di Tartu, Saule (Shauljai) e quella subita nelle vicinanze della città russa di Doroghicin, i chiesero aiuto ai Teutonici, iniziando ad accarezzare l'idea della fusione dei due Odini germanici. Nel 1234 il Gran Maestro dei Portaspada, Volkwin, propose a von Salza la fusione dei due ordini, ma questi, conscio della scarsa capacità dei Portaspada, aveva declinato l'offerta. L'anno successivo i Portaspada avevano subita una disastrosa sconfitta nelle paludi di Saule (22 settembre 1236) nella quale era stato ucciso lo stesso Volkwin.

I Cavalieri livonici inviarono dunque due messi a Viterbo, alla corte di Gregorio IX, per implorare un suo intervento a favore dell'unione dei due ordini.

Il papa rispose favorevolmente al loro appello e decise *ex auctoritate* di incorporarli all'Ordine, e, con due bolle datate 12 maggio 1237, decretò l'unione dei due ordini.

Hermann dovette accettare il fatto compiuto[27].

I beni dei Portaspada passavano così ai Teutonici. Unica forma di particolarismo, la Livonia avrebbe mantenuto un distretto separato guidato da un maestro provinciale, assistito da un Maresciallo, un Commendatore, un Drappiere ed un Tesoriere, riproducendo in piccolo la gerarchia dei vertici Teutonici.

Balk ottenne eccezionalmente di unire così i due titoli di *Landmeister* di Prussia e di Livonia, e vi inviò subito sessanta cavalieri, per dar man forte ai Fratelli della Spada rimasti.

Di fatto il Gran Maestro dell'Ordine dei Portaspada divenne capo dell'Ordine Teutonico in Livonia, quale regione annessa all'impe-ro germanico.

Tuttavia, in base a un accordo segreto tra il papa e l'Ordine (che prevedeva il passaggio dell'Estonia settentrionale alla giurisdizione del re danese) fu stretta un'alleanza militare con la Danimarca.

Papa Gregorio IX prese di mira anche la parte settentrionale del Baltico, esprimendo il proprio malcontento per i modi in cui la chiesa svedese diffondeva il cattolicesimo in Finlandia. Per risolvere il problema il papa promosse una nuova crociata, diretta sia contro i finnici che contro i russi. Fu allora che la Svezia si decise ad avviare una spedizione militare contro il principato di Novgorod. I borussi erano impermeabili al cattolicesimo e continuavano ad opporsi ai tentativi espansionisti del duca Conrad Mazowiecki (1228-32), cioè di Mazovia o Masovia.

Il duca aveva tentato la via pacifica per convertire i borussi, affidandone l'evangelizzazione ad un prelato originario di Freyenwald, che oltre il tedesco parlava perfettamente il polacco e la lingua prussiana, il monaco cistercense Christian.

Questi, nel 1214, dopo essere riuscito a convertire alcuni notabili della Pogesamia, sul corso inferiore della Vistola, presso l'odierna Elbing, venne nominato da papa Innocenzo III primo vescovo di Prussia. Ma i risultati nel complesso erano stati scarsi.

Lo stesso monaco Christian, vedendo che la maggior parte dei borussi rimaneva ostile al cristianesimo, si convinse a fondare, d'accordo con Conrad, un ordine militare (Ordine dei

---

[27] Bogdan, *Les Chevaliers teutoniques*, Paris 1998, p.131

Cavalieri di Dobrin o Dobrzin) che passasse a metodi più bellicosi, soprattutto nel territorio di Chelmo, che il duca aveva donato al vescovo. Ma i porussi, nonostante queste misure, riuscirono nel 1225 a sconfiggere pesantemente i Cavalieri a Strassburg (Brodnica) sul fiume Drweca, un affluente della Vistola.

Sicché nel corso dell'inverno 1226 una delegazione, guidata dal vescovo di Prussia Christian e dai rappresentanti del duca di Mazovia, decise d'incontrarsi in Italia col Gran Maestro dell'Ordine Teutonico Hermann von Salza (1209-39) per chiedergli un aiuto militare contro l'accanita resistenza dei borussi orientali e dei lituani, che occupavano la costa baltica, dalle foci della Vistola fino alla regione del Njemen, e che per questa ragione isolavano i territori di recente cristianizzazione più settentrionali della Livonia, Lettonia ed Estonia. Ai Teutonici veniva promesso un territorio di circa 3000 kmq, situato nella bassa valle della Vistola con capitale Kulm (Chelmno), il Kulmerland, oltre a tutti quelli eventualmente sottratti ai pagani.

Va ricordato che già papa Onorio III, prima nel 1216 e poi nel 1221, aveva confermato ed esteso i privilegi dell'Ordine Teutonico, assicurando l'esenzione totale dalle decime, nonché la facoltà di costruire chiese e oratori sui propri possedimenti, e di essere giudicato e eventualmente scomunicato solo dalla Santa Sede.

Von Salza, tuttavia, ancora scottato dalla brutta esperienza ungherese, non fu precipitoso, preparandosi meticolosamente, e trascorsero alcuni anni prima che l'Ordine si decidesse ad intervenire nel Baltico. Hermann ottenne assicurazioni sia da parte da Federico II, che considerava quei territori come naturale appendice dell'Impero, che da papa Onorio III, che lo spronò ad intervenire, accettando l'offerta del duca polacco.

Il trattato definitivo tra il Gran Maestro e il duca di Mazovia fu siglato a Kuschwitz il 30 giugno 1230 e nel marzo 1231, con il trattato di Rubenicht, si giunse ad un accordo anche con il vescovo Christian di Prussia, che rinunciò ad ogni pretesa sui possedimenti del Kulmerland e cedette un terzo della Prussia all'Ordine.

A partire dal 1230 intanto cominciarono a giungere in Prussia i primi cavalieri Teutonici, guidati da Hermann Balk, che venne nominato *Landmeister* di Prussia.

Costui era probabilmente stato canonico di Hildesheim, ed aveva seguito la Terza crociata, entrando nell'Ordine Teutonico già al momento della fondazione, nel 1189.

Molto stimato da Hermann von Salza, che ne aveva notate le doti diplomatiche ma anche militari, divenne quindi *Landmeister* della Prussia e, in seguito, anche Maestro di Livonia dopo la fusione dei Portaspada con i Teutonici, mantenendo contemporaneamente le due cariche sino alla sua morte, avvenuta nel 1239.

Balk era accompagnato da cinque Fratelli cavalieri e da un centinaio di Fratelli sergenti, che furono ben presto raggiunti da altri rinforzi provenienti dalla Germania del nord. Essi si sistemarono nel piccolo insediamento di Vogelsang, sulla riva sinistra della Vistola, in un fortino di legno. Balk fece inoltre costruire una seconda piazzaforte a Nessau, pochi chilometri a Sud. Nella primavera del 1231 Balk con le sue truppe, un migliaio di uomini circa, passò la Vistola e cominciò ad attaccare sistematicamente i prussiani.

Balk, dopo i primi successi, iniziò la costruzione di una nuova fortezza posta sulla riva destra della Vistola, cui diede il nome di Torun, in omaggio al castello palestinese di Thoron posseduto dall'Ordine in Terrasanta[28].

---

[28] Secondo una vecchia ipotesi il nome deriverebbe da *Torum*, torre.

Torun divenne la prima grande città fortificata costruita dall'Ordine in Prussia, cui affluirono molti coloni provenienti dalla Germania del nord e dalla Boemia, mentre i borussi cercavano con frequenti attacchi d'impedire l'insediamento stabile dell'Ordine.

A partire dal 1232 Balk cominciò il rastrellamento sistematico del Kulmerland: in pratica si impadronì di tutta questa terra falsificando gli accordi scritti, che non prevedevano un'assoluta autonomia dallo Stato polacco. Rifondò la città di Kulm con la tipologia classica delle città-fortezza dell'Ordine: una pianta a scacchiera dominata da un terrapieno sormontato da un castello. Ai coloni che abitarono queste due città, fu imposto un servizio militare permanente.

I borussi rimasero molto colpiti dai Cavalieri, non soltanto per come combattevano, ma anche dalla devozione religiosa. Un nobile borusso che venne ospitato nel castello di Balga, e potè quindi osservare da vicino i temuti avversari, li descrisse così in una lettera destinata ad altri capi della Sambia:

I Fratelli sono di carne ed ossa come noi, e indossano vestiti, portano armi e mangiano cibo come noi. Hanno l'usanza di alzarsi di notte ed andare tutti insieme nella loro chiesa, e anche spesso durante il giorno, per pregare ed implorare il loro Dio, ed è qualcosa che noi non facciamo. Per questo ci sconfiggono in battaglia, e noi non possiamo riuscire vittoriosi[29]

Successivamente l'Ordine fondò il castello di Marienwerder (l'odierna Kwidzyn) a nord di Kulm, che divenne, a partire dal 1254 e fino al 1526, la sede dei vescovi di Pomerelia.

Una nuova crociata contro i borussi fu bandita nel 1233. La campagna si tenne nell'inverno che, a quelle latitudini, faceva gelare fiumi e laghi, e rassodava il terreno, divenendo il luogo adatto per le incursioni della cavalleria dell'Ordine, i cui cavalli, d'estate, venivano rallentati dai ruscelli e dalle paludi, e in autunno e primavera, dal fango.

Nel 1237 fu costruito il castello di Elbing (Elblag) che, dopo esser stato distrutto nel 1239 dai borussi, venne ricostruito poco più a nord, dove l'Elbing si getta nel lago di Drausen.

Al momento della morte di von Salza, nel 1239 i Teutonici controllavano ormai tutto il Kulmerland, la Pomesania e la Pogesania.

Spinti dalle insistenze del papa, che aveva proclamato la crociata contro il principato ortodosso di Novgorod, i Teutonici dovettero far buon viso a cattivo gioco, partecipando alla spedizione danese e scandinava, malgrado per loro la priorità fosse la cristianizzazione della Prussia e del Baltico, e non combattere contro le *dhruzine* di Novgorod. I Fratelli dell'Ordine (molti dei quali provenienti dai Portaspada) presenti in Livonia, dovettero perciò avventurarsi, dal 1295 al 1378, in aiuto dei crociati capeggiati dal vescovo Hermann di Tartu, verso Novgorod e Pskovcontro le milizie russe, capeggiate da A. Nevskij, principe di Novgorod.

Aleksander Nevskji è una delle figure più mitizzate della storia russa. Venne canonizzato, e gli fu dedicata un'epica (*Skazanje*) che narra delle sue lotte contro i crociati, in difesa della fede ortodossa. Ma l'eroe nazionale russo prima e sovietico poi non fu come si volle pretendere da parte russa il campione dell'indipenden-za della sua terra: al contrario il principe di Novgorod si sottomise immediatamente ai mongoli, dei quali fu fedele collaboratore, tanto da essere ricompensato, nel 1252, con il titolo di *Veliki Knez*, Grande Principe in rappresentanza del Gran Khan.

---

[29] Riportato in S. Turnbull, *Crusades Castles of the Teutonic Knights (1). The red-brick castles of Prussia 1230-1466*, London 2003, p.10. Lo stesso capo borussi si meravigliò nel vedere i Teutonici mangiare verdure, che egli scambiò per erba, commentando stupito: *Chi può resistere a gente che può nutrirsi nelle foreste e mangiare eba come cibo?* (ibid.).

Subito dopo però il papa organizzò una nuova crociata coinvolgendo i cavalieri Teutonici, i livoni e i danesi e questa volta l'offensiva contro la sola Rus', già invasa dagli eserciti mongoli, venne sferrata lungo un vasto fronte, spesso con la complicità dei boiardi, al punto che venne saccheggiata la città di Pskov, che pure aveva resistito in precedenza a ben ventisei assedi.

I Teutonici ed i loro alleati erano giunti già a una trentina di chilometri da Novgorod, quando il principe Nevskij, con una manovra inaspettata, scacciò i crociati da Pskov, liberando tutte le terre vicine dagli invasori.

La sconfitta più pesante i crociati la subirono il 5 aprile 1242, allorché l'armata di Novgorod, appoggiata da alcuni *dhruzine* di Vladimir-Suzdal li affrontò sul lago Peipus.

Nevskji disponeva di una schiacciante superiorità numerica, e conoscendo l'impetuosità dei cavalieri crociati piazzò la debole fanterie formata dalle *druzhine* e dalla milizia di Novorod sulle rive del lago ghiacciato, e la cavalleria in seconda schiera, mentre gli arcieri a cavallo, forse ausiliari turchi Kipchaq, oppure – più probabilmente – soldati forniti dai suoi padroni mongoli, erano schierati sulla destra.

Il vescovo di Tartu ed i suoi sottoposti avevano un piano semplicissimo: sfondare la linea russa ed eliminare Nevskji. La cavalleria venne schierata in prima linea, con danesi, Teutonici e cavalieri tedeschi rispettivamente schierati da destra a sinistra. Il contingente di fanti estoni era in retroguardia. Subito, i cavalieri crociati si lanciarono contro la linea russa, travolgendo la milizia di Novgorod, ma venendo attaccati sul fianco dagli arcieri mongoli, agli ordini di Andrei Nevskji, il fratello di Aleksandr.

Decimati dalle frecce, i cavalieri danesi iniziarono a ripiegare.

Vedendo ciò, senza neppur essere entrate in combattimento le milizie estoni cominciarono a sbandarsi ed a fuggire.

Come scrive la Cronaca di Novgorod,

I tedeschi caddero lì, e gli estoni [Chud] presero il volo. Essi furono inseguiti ed uccisi e uccisi sul ghiaccio per sette verste[30] verso la costa di Sobolitskji.

A questo punto il principe di Novgorod lanciò nella mischia la cavalleria, seguita dalle *druzhine*. Malgrado l'eroica resistenza da parte dei Fratelli Teutonici e dai cavalieri crociati tedeschi, la battaglia si tramutò in un massacro, con il numero che ebbe il sopravvento sul valore dei crociati, anche se il sacrifico della cavalleria salvò dal disastro completo il grosso delle forze crociate che riuscirono a porsi in salvo.

La rottura della crosta ghiacciata che avrebbe ingoiato i Teutonici è solo un'invenzione del film staliniano, e la frattura dei ghiacci non viene assolutamente menzionata né nella *Cronaca di Novgorod*, né nella *Vita di Sant'Alessandro Nevskji*, che pure non avrebbero mancato di salutarla come un intervento divino, né, dall'altra parte della barricata, nella *Cronaca Livone rimata*.

In questa "battaglia sul ghiaccio" i crociati, danesi e Teutonici, capeggiati dall'arcivescovo Hermann di Tartu, persero, stando alla *Cronaca di Novgorod* 400 cavalieri (venti Teutonici) e altri 50 (sei dei quali Teutonici) furono fatti prigionieri.

Come recita la *Cronaca Livone rimata*,

I [russi] avevano molti arcieri, e la battaglia iniziò con il loro assalto contro i danesi, uomini del re.

---

[30] All'incirca km 7,5.

Le bandiere dei Fratelli [Teutonici] sventolarono presto in mezzo agli arcieri, e si sentivano le spade che fendevano gli elmi dei fanti. Da entrambe le parti molti furono gli uomini che caddero morti sul campo. Presto i Fratelli si trovarono circondati, perché i russi avevano tantissimi fanti, addirittura sessanta uomini per ogni cavaliere tedesco.
I Fratelli combatterono abbastanza bene, ma, nonostante ciò, vennero sterminati. Alcuni di coloro che venivano da Dorpat [le truppe estoni del vescovo di Tartu] fuggirono dal campo di battaglia, e questa fu la loro salvezza, perché erano stati costretti a fuggire. Venti Fratelli giacquero morti e sei furono presi prigionieri.

La battaglia fu poi enfatizzata e mitizzata dalla propaganda russa prima e sovietica poi: basti pensare al film di Eisenstein, probabilmente il capolavoro della propaganda stalinista, con le scene della carica dei Teutonici sul lago ghiacciato, accompagnate dalla musica di Prokofiev, tanto suggestive quanto lontane dalla realtà storica[31].
Paradossalmente, lungi dall'indebolire l'Ordine, la sconfitta del lago Peipus servì a rafforzarne le strutture in Livonia. La metà circa dei cavalieri morti erano dei Portaspada, causando la perdita d'influenza del vecchio Ordine in Livonia. Anche il vescovo Hermann di Tartu accettò le priorità teutoniche di estirpare i pagani della Lituania e di evangelizzare il Baltico, piuttosto che tentare di interferire negli affari di Novgorod.
Il *Landmeister* Dietrich von Gruningen approfittò della situazione seguita alla disfatta per riformare l'Ordine in Livonia, imponendo una maggiore disciplina, eliminando ogni influenza dei vecchi Portaspada, la cui inclusione nell'Ordine, da loro stessi sollecitata al papa, era stata come detto avversata da von Salza nel 1237: come in ogni altra sede teutonica i cavalieri sarebbero stati d'ora in poi solo nobili – i Portaspada accettavano anche reclute di classi inferiori – e tutto ciò venne codificato nel nuovo Statuto dell'Ordine. Nonostante l'invasione delle truppe mongole di Subodai Khan (cui Aleksander prontamente si sottomise) non permettesse alla *Grande Novgorod* di espellere definitivamente i crociati dalle terre estoni e lettoni, i crociati danesi non solo rinunciarono a conquistare i territori di Novgorod, ma furono anche costretti a cedere le terre conquistate, incluso il castello di Izborg, ed ad accettare la precedente giurisdizione del principe di Novgorod su alcune terre baltiche.
Del resto Newskji fu molto cauto nei confronti dell'Ordine Teutonico, sia perché spaventato dal possibile arrivo di rinforzi, sia perché non si sentiva in grado di attaccare le possenti fortificazioni erette dai Teutonici. Del resto, egli sapeva benissimo che i Teutonici, dal canto loro, erano più interessati alla cristianizzazione ed alla colonizzazione della Prussia e degli altri territori che non, come il vescovo di Tartu ed i danesi, alla lotta contro gli ortodossi; anzi, l'Ordine poteva costituire un grosso elemento di moderazione dei crociati. Ben presto si giunse alla pace, anche per il timore, comune ai due schieramenti, dell'invasione mongola.
Von Gruningen si distinse nella ristrutturazione dell'Ordine in Livonia, al punto da diventare dapprima Maestro di Prussia nel 1246, ed infine *Hochmeister* nel 1256.

---

[31] La propaganda sovietica arriva a presentare il Nevskji, nella scena iniziale del film, come avversario dei mongoli, mentre nella realtà storica fu un fedele vassallo di Batu Khan, che lo nominò *Veliki Knez*, Grande Principe, e che, alla fine, lo uccise.

7. La crociata permanente

Ma la bellicosità dei Teutonici non diminuì con la sconfitta, tanto da provocare le critiche del clero, tra cui è nota quella di Ruggero Bacone:

I Prussiani sarebbero stati convertiti da lungo tempo, se non fosse stato per la violenza dell'Ordine Teutonico, perché molte volte i popoli pagani sono stati preparati a convertirsi con le prediche, in pace. Ma quelli della Casa Teutonica non vogliono che ciò venga permesso, perché desiderano sottometterli e ridurli in schiavitù, e per mezzo di sottili menzogne essi [i Teutonici] hanno già per molti anni ingannato la Chiesa di Roma[32].

Più grave per i Teutonici furono le rivolte che esplosero in Curlandia e Prussia, e, poco dopo, in Estonia.

La rivolta più grave avvenne a sud, dove i capi borussi avevano preso contatto con il duca di Pomeralia, Sventopolk, in seguito alla vittoria mongola sui Teutonici ed i polacchi a Leignitz nel 1241.

I mongoli, sotto il comando di Batu, nipote di Gengis Khan, e di Subodai, dopo aver totalmente disfatto i russi a Kalka, si erano impadroniti di Kiev il 6 dicembre 1240, preparandosi a marciare verso ovest. L'unico sovrano europeo a comprendere la gravità del pericolo fu Federico II, che bloccò immediatamente le operazioni del figlio Enzo (Heinz), re di Sardegna, contro la Seconda Lega lombarda, ordinandogli di dirigersi in Prussia.

Qui l'*Hochmeister* Popone d'Ostierna, dal 1239 successore di von Salza, mise in allarme i castelli baltici dell'Ordine, e si diresse con un contingente dell'Ordine verso la Slesia, dove si unì con l'esercito del duca di Polonia Boleslao (1243-79) e del duca di Slesia Enrico il Pio (1238-41).

Nel 1241 i Teutonici parteciparono alla battaglia di Liegnitz (oggi Legnice) nella Slesia, dove, assieme alle truppe polacche e slesiane tentarono invano di bloccare il passo ai mongoli comandati dal khan Subodai, sotto il comando nominale di Batu, nipote di Gengis Khan.

La battaglia ebbe luogo presso la cittadina di Leignitz – oggi Legnice – il 9 aprile del 1241, e le truppe mongole, più mobili e soprattutto molto più disciplinate ed addestrate degli occidentali, inflissero agli europei una dura disfatta, nel corso della quale lo stesso Popone venne gravemente ferito.

Tuttavia il comportamento degli Ordini militari (oltre ai Teutonici erano presenti piccoli contingenti di Templari ed Ospitalieri) inflissero forti perdite alle truppe di Subodai, che, sebbene rimaste padrone del campo, si diressero verso l'Ungheria, anziché procedere verso i territori dell'Impero, e poco dopo ritornarono verso est, anche a causa della morte dell'imperatore Ogodai, evento che richiamò il comandante mongolo a Karakorum per l'incoronazione del nuovo Gran Khan..

Dell'esito disastroso battaglia approfittarono i borussi, che con l'appoggio del duca Swantopolk di Pomerelia si impadronirono di molte fortezze, che distrussero dopo aver sacrificato agli dèi i cavalieri fatti prigionieri. I Teutonici mantennero il controllo solo dei castelli di Thoron, Elbing, Kulm e Rehden.

La vita per i cavalieri Teutonici era durissima: oltre al dover combattere dovevano ricostruire i castelli distrutti dai borussi, pronti ad attaccare di sorpresa in qualsiasi istante. Come scrisse Peter von Dusburg,

---

[32] William Urban, "Roger Bacon and the Teutonic Knights," *Journal of Baltic Studies*, 19/4 (1988), 331-338

Non ci fu un solo momento in cui il pane bastasse, e dovettero armarsi e combattere una, due e più volte per cacciare il nemico. E come quegli ebrei che volevano ricostruire la santa città di Gerusalemme in presenza della minaccia nemica, metà di loro lavorava e l'altra metà stava di guardia dall'alba al tramonto. Con una mano lavoravano, con l'altra reggevano la spada[33].

La rivolta contro i cavalieri dalle croci nere fu molto vasta, e non venne soffocata che dopo sette anni di feroci combattimenti.

Il metodo di colonizzazione, proseguito dai Gran Maestri successori di von Salza, era sempre lo stesso. Dopo aver sconfitto i pagani, si chiedeva la loro sottomissione e la conversione del capo, cui seguiva, almeno formalmente, quella dei sudditi, poi veniva edificata nel territorio conquistato una fortezza, attorno alla quale si sviluppava in seguito una città con mercato, ove affluivano i coloni tedeschi che si mescolavano con la popolazione locale. Nacquero così, tra gli altri, i castelli di Kreuzburg (Città della croce), Heilsberg (Monte Santo).

I borussi, intanto, approfittando dell'assenza della maggior parte dei cavalieri, impegnati contro i mongoli, si ribellarono, istigati dal duca cattolico della Pomerelia (Pomerania Orientale) Swantopolk (1235-66). Gran parte delle fortezze dell'Ordine cadde nelle mani dei ribelli.

Il papa Innocenzo IV lanciò allora la crociata, ma malgrado ciò si continuò a combattere fino al 24 novembre 1248, quando il duca, principale sostenitore dei rivoltosi, s'impegnò a rinunciare a qualsiasi alleanza con i borussi.

I Teutonici svilupparono il concetto di crociata permanente, tanto che Innocenzo nel 1245 concesse l'indulgenza plenaria a tutti coloro che fossero andati a combattere contro i borussi anche senza che il papa avesse predicata la crociata, parificando la lotta contro i pagani al pellegrinaggio armato a Gerusalemme.:

Noi concediamo a quanti in Germania, in risposta agli appelli dei cavalieri Teutonici e senza pubblica predicazione, portano il segno della Croce e desiderino andare in aiuto dei fedeli contro la brutalità dei prussiani, la stessa indulgenza e gli stessi privilegi riconosciuti a coloro che vanno a Gerusalemme.[34]

I Teutonici quindi avevano il diritto di attribuire indulgenze senza attendere che il pontefice dichiarasse la guerra contro i pagani. Inoltre il clero tedesco e centro-europeo vennero ripetutamente istruiti affinchè predicassero la crociata contro i baltici.

Il 7 febbraio 1249 fu stilato il trattato di Christburg, che riguardava la condizione delle popolazioni sottomesse, a patto che si fossero convertite. L'Ordine riconosceva ai sudditi borussi la libertà personale, il diritto di acquistare, vendere e lasciare in eredità agli eredi diretti le proprietà; il diritto di stare in giudizio, di contrarre matrimonio, di entrare a far parte del clero e dell'Ordine Teutonico, a patto d'essere d'antica nobiltà. Dovevano rinunciare tassativamente alle usanze pagane e ad osservare la disciplina ecclesiastica in materia di festività e di battesimo. Dovevano pagare le decime all'Ordine, e prestare determinati servizi di natura militare. In più, a loro spese, le popolazioni s'impegnavano a costruire, entro tre anni, tredici chiese in Pomesania, sei in Warmia e tre in Natangia.

---

[33] Riportato in Urban, *Teutonic Knights*, cit., p.108
[34] J. Vogt, *Codex Diplomaticus Prussicus*, berlin 1836, I, pp.59-60.

I convertiti erano sottoposti al diritto di Magdeburgo o a quello polacco; se non erano battezzati, dovevano farlo al più presto, pena la perdita dei beni e l'espulsione.

In Prussia il servaggio fu durissimo e tutte le rivolte furono ferocemente represse, tanto che la situazione si stabilizzò solo verso gli anni Ottanta del XIII secolo, dopo che i Teutonici avevano conquistato anche la Curlandia. Viceversa, i contatti dell'Ordine col Levante s'interruppero definitivamente nel 1291, con la caduta di San Giovanni d'Acri.

Nel complesso si erano create le premesse per una forte emigrazione tedesca dalla Westfalia e dalla Renania verso i territori abitati da tribù baltiche (borussi, lituani, lettoni) e ugrofinniche (estoni, finlandesi, livoni). Il Baltico stava per vedere la sostituzione dei mercanti slavi e vichinghi da parte di quelli tedeschi, che si apprestavano a controllare la via commerciale che collegava la Fiandra alla Russia di Novgorod e che raccoglieva le merci provenienti dall'Asia centrale, da Bisanzio, dal Medio Oriente (spezie, gioielli, stoffe, seta, armi, miele e sale)

Dalla conquista del Baltico nascerà un grande principato territoriale, molto organizzato sul piano commerciale, le cui città costiere formeranno la cosiddetta "Lega Anseatica".

Il capo supremo dei Lituani, il principe Mindaugas (1253-63), temendo di dover subire una crociata, nel 1251 accettò il battesimo, e nel 1253 fu solennemente incoronato Granduca di Lituania dal Vescovo di Kulm. In questo modo, divenuta la Lituania, almeno formalmente, uno Stato cattolico, cadeva la possibilità di indire la crociata.

Tuttavia il Gran Maestro dell'Ordine, Popone d'Ostierna, non molto convinto della mossa del lituano, decise di conquistare alla fede la parte più orientale della Prussia confinante con la Lituania, cioè le regioni della Sambia, Nardrovia e Scalovia. A questo fine i domenicani predicarono in tutto il Sacro Romano Impero una crociata cui aderirono sessantamila armati, che vennero a dar man forte ai Teutonici. Vi presero parte tra gli altri il re di Boemia, Ottocaro II (1253-78), Ottone III del Brandeburgo (1266), il giovane Rodolfo conte d'Asburgo (1273-81), nonché numerosi signori provenienti da Sassonia, Turingia, Renania, Boemia e Moravia.

Nella campagna del 1254-1255 si ebbero i primi importanti risultati. La Sambia venne devastata, i simboli del paganesimo distrutti. I capi della regione si sottomisero e accettarono il Cristianesimo.

Sulla collina sacra di Twangste, dopo aver abbattuto il bosco sacro agli dei, i crociati fondarono una fortezza ed una città, che venne battezzata *Montagna del Re*, Königsberg, in onore del Re Ottocaro II di Boemia.

Nel 1259, tuttavia, l'Ordine dovette affrontare la ripresa delle ostilità da parte dei Lituani, i quali, l'anno successivo, a Durben, il 13 luglio 1260, inflissero ai crociati una pesante sconfitta. Tra i 150 cavalieri caduti in combattimento figuravano anche il Maestro di Livonia e il Maresciallo di Prussia. I Lituani braccarono i cattolici e li misero a morte, sacrificandoli agli dei, mentre le credenze pagane rifiorivano.

La rivolta, istigata segretamente da Mindaugas, si estese anche alla Prussia, ove le chiese furono bruciate ed i coloni cattolici messi a morte. Anche i nobili borussi che l'Ordine aveva fatto istruire in Germania, diedero man forte alla ribellione, che si estese così a tutto il paese, eccetto il Kulmerland e la Pomesania.

Mindaugas si unì agli insorti e invase la Mazovia polacca, ove nel gennaio del 1261 inflisse una dura sconfitta ai Teutonici, mentre tutte le più importanti piazzeforti della Prussia venivano assediate.

I magri contingenti che provenivano dalla Germania permisero ai Cavalieri di ridurre le perdite e di contenere la sollevazione. Si ebbe allora una lunga e sfibrante guerra d'attrito, ove le vittorie si succedevano alle sconfitte e la riconquista del territorio avveniva lentamente e faticosamente, tramite la costruzione di numerosi forti.

Nel 1271 Ludwig von Baldersheim fu sostituito da Dietrich von Gadersleben nel magistero di Prussia, che nei due anni 1272-1273 riuscì a ristabilirvi l'autorità dell'Ordine, grazie a rinforzi provenienti dalla Germania, sottomettendo la Natangia e la Pogesania, ove i principali capi dei ribelli morirono in combattimento o furono giustiziati. Nel 1274 la Prussia era completamente conquistata.

Nel 1276, su iniziativa del Landmeister, Corrado di Thierberg, si iniziò la costruzione, una ventina di chilometri a Nord di Elbing, della "città di Maria", Marienburg, dominata dall'Hochburg, il castello Alto, di forma quadrata, cui si aggiunse il Mittelburg, il Castello Medio di forma trapeziodale. L'Hochburg dal 1309 divenne la sede del Gran Maestro.

Le conquiste dell'Ordine Teutonico si allargarono progressivamente alla Pomerania orientale (Pomerelia), costituita in un ducato retto da un principe slavo. Poiché il duca Mestwin (1207–1220) non aveva eredi diretti, decise di lasciare il territorio al duca della Grande Polonia. I principi tedeschi, margravi del Brandeburgo, però, rivendicarono per sé quella regione. I polacchi allora chiesero aiuto ai Teutonici, che nel 1307 penetrarono nella Pomerelia invasa dai brandeburghesi e li costrinsero ad abbandonare l'assedio di Danzica, la città più importante.

Nel 1308 l'Ordine si stabilì a Danzica. In seguito, i Cavalieri trovarono un accordo con il nuovo margravio del Brandeburgo, Valdemaro. Il 6 settembre 1309, a Soldin, l'Ordine acquistava per 10.000 marchi d'argento Danzica, Dirschaw e Schetz con i loro territori, cui si aggiunsero quelli acquistati nello stesso anno dal Duca di Cujavia. Così tutta la Pomerelia cadde sotto l'autorità dell'Ordine, come venne confermato nel 1311 da un editto imperiale di Enrico VII, che investiva i Teutonici della regione come vassalli dell'Impero.

8. Marienburg capitale:
l'apogeo dello Stato Teutonico

Nel 1291, dopo la caduta di San Giovanni d'Acri, la sede dell' Ordine Teutonico era stata spostata a Venezia.

Ora, dopo la perdita dell'*Outremer*, l'Ordine era suddiviso in varie province: sette normali, Germania, Italia, Lotaringia (Lorena) e Borgogna, Austria, Boemia, Ungheria e Pomerania, e due *di combattimento*, Prussia e Livonia.

La Prussia era oramai pacificata dopo quasi tre quarti di secolo di lotte. L'Ordine vi aveva fondato molte città e villlaggi, in cui si erano insediati migliaia di coloni tedeschi, dapprima nelle città, poi, intorno al 1280, anche nelle campagne, dando inizio ad un irreversibile processo di germanizzazione, praticamente completato già nel 1300.

La Livonia era collegata alla Prussia da una sottile striscia di terra, costantemente sottoposta alle incursioni ed alle razzie della tribù lituana dei samogiti (o saimati). Solo nel 1397 il territorio venne definitivamente sottomesso dall'Ordine.

I territori conquistati nel Baltico, corrispondenti a quelli attualmente occupati dall'Estonia e dalla Lituania, ebbero il nome di Livonia, una sorta di Stato confederale cui si aggregarono l'Ordine livonico, l'arcivescovato di Riga e tre vescovati, e le cui popolazioni, cattolicizzate a forza, furono ridotte allo stato di servitù nel quadro dei rapporti feudali.

Dopo aver sottratto alla Lituania la regione di Jemaitia, i Teutonici bloccarono l'accesso diretto al Mar Baltico alla Polonia, alla Lituania e ai rus' di Novgorod.

In tal modo l'Ordine rinsaldò le proprie posizioni nei traffici sul Baltico, mettendosi direttamente in contatto con le città che più tardi costituirono la Lega Anseatica.

Nel 1291 l'autorità dei Teutonici in Livonia era limitata solo ad una parte della regione, quella che era appartenuta ai Portaspada prima del loro confluire nell'Ordine Teutonico nel 1237, che comprendeva la maggior parte della Curlandia, la Semgallia e la Livonia settentrionale, con le città di Wollmar e Fellin, a cui venne aggiunto, intorno alla metà del XIV secolo, anche il ducato di Estonia, che i danesi cedettero all'Ordine nel 1346-47.

Il resto della Livonia era sottoposto all'autorità del vescovo di Riga – spesso ostile ai Teutonici – ed a quello di Dorpat (Tartu).

Nel 1309 il Gran maestro Siegfried von Feuchtwagen stabilì di spostare l'ordine a Marienburg, nella Prussia orientale, scegliendo di installarsi nella regione dove i Teutonici svolgevano i propri compiti più importanti.

L'Ordine usciva da un grave scandalo – analogo a quello che, di lì a cinque anni, avrebbe travolto i Templari – con i cavalieri di Livonia che si erano a tal punto mondanizzati da provocare il duro intervento del Gran Maestro Gottfried von Hohenlohe, che tentò nel 1302 di indurre i cavalieri a seguire più rigidamente la Regola, ma con risultati così scarsi e con un'opposizione tanto violenta da indurlo a dimettersi.

Anche per controllare meglio i suoi uomini Feuchtwagen si trasferì in Prussia, per estendere e rafforzare l'autorità teutonica sulle terre baltiche, al contempo promuovendo l'idea di crociata, attirando a combattere un gran numero di cavalieri, soprattutto tedeschi, ma anche francesi, italiani, fiamminghi, danesi e scandinavi, ora che non c'era più la possibilità di combattere in *Outremer*.

Il trasferimento della sede venne fatto precedere da una campagna durissima in Pomerania, che portò alla conquista della regione e di Danzica.

Il XIV secolo fu un'epoca di espansione territoriale per l'Ordine., acquistando Reval e l'Estonia settentrionale dai Danesi nel 1346, conquistando il ducato di Dobryzin nel 1392, e sei anni dopo, l'isola di Gotland, strappata ai pirati danesi che minacciavano da lì il commercio anseatico, e la Samogizia, ciò che permise di collegare territorialmente i territori Teutonici in Prussia con quelli in Livonia. Infine, nel 1402 anche il Neumark passò sotto il controllo Teutonico.

Nel 1341 troviamo la prima notizia dell'uso di artiglieria da parte dei Teutonici: il granduca di Lituania Gediminas venne ucciso da una palla sparata da una bombarda teutonica durante l'assedio di Vilnius.

L'Ordine, malgrado il sospetto papale (il clero era sottomesso all'autorità del Gran Maestro) aveva il diritto di condurre una crociata perpetua, senza aspettare che venisse bandita da Roma, né di esser autorizzato per concedere indulgenze, reclutando così cavalieri laici che combattessero a fianco dei Teutonici per la propria salvezza spirituale.

Per tutto il Trecento quindi un flusso ininterrotto di cavalieri che prendevano la croce si unì ai Teutonici nelle *Reysen* (corrispondenti alle italiane *cavallate* ed alle francesi *chevauchèes*) incursioni rapide e distruttive contro i villaggi della Lituania, dopo aver attraversato i confini delle terre dell'Ordine.

Tali incursioni erano dette *Tanz mit dem Heiden*, "danza con i pagani".

Così fecero i boemi nel 1323, gli alsaziani nel 1324, inglesi e valloni nel 1329, gli austriaci ed i francesi nel 1336.

Si noti come vi partecipassero crociati di paesi coinvolti nella Guerra dei Cent'Anni, che malgrado fossero nemici combattevano insieme contro il nemico pagano.

Alle *Reysen* parteciparono anche sovrani e principi: re Giovanni di Boemia partecipò a tre cavalcate, il maresciallo di Francia Boucicault ad altrettante.

Enrico di Derby – poi Enrico IV – fu crociato nel 1390 e 1392; nel 1377 il duca Alberto d'Austria arrivò con 2.000 cavalieri austriaci per la propria *reysa*, che venne celebrata in un poema epico dedicato alla vita del duca, sottolineando l'alto numero di prigionieri:

Donne e bambini furon presi prigionieri:
che gioiosa confusione si poteva vedere!
Più di una donna si poteva vedere
con due bambini assicurati al proprio corpo!

L'anno dopo partecipò il duca di Lorena, con settanta cavalieri, poi nuovamente tornò Alberto d'Austria con il duca di Cléves, per una speciale incursione fatta appositamente per lui per adempiere i voti di prendere la croce entro il Natale.

Vi erano due tipi di *Reysen*: quelle invernali (*Winterreysen*) e quelle estive (*Somerreysen*).

Quelle invernali erano solitamente due all'anno, una in dicembre ed una a gennaio od a febbraio, condotte da duecento o duemila cavalieri allo scopo di condurre incursioni rapidissime e distruttive, con un intermezzo a Natale.

I Teutonici preferivano di gran lunga combattere d'inverno, quando le paludi ed i torrenti gelavano, permettendo ai cavalli di penetrare ovunque, mentre la caduta delle foglie impediva le imboscate ed aumentava la visibilità.

Le *Sommerreysen* avevano un'organizzazione su una scala maggiore, spesso con lo scopo di conquistare territori e distruggere piazzeforti, sempre però compiendo saccheggi e distruzioni.

I crociati che vi partecipavano avevano il diritto di appendere nella Rocca di Marienburg o nelle altre fortezze (*Ordersburgen*) il proprio stemma, e le *Reysen* assunsero sempre più aspetti cavallereschi, come delle enormi giostre; con banchetti d'onore al rientro da una *Reysa* per i dieci o dodici (numero ispirato alla leggenda arturiana) cavalieri più nobili e valorosi.

La popolarità delle *Reysen* era tale che Geoffrey Chaucer nei suoi *Canterbury Tales* presentando nel Prologo il personaggio del Cavaliere, così scrive, per descriverne il valore sottolinea la partecipazione alle incursioni baltiche ed il fatto che avesse partecipato ai banchetti d'onore:

Era stato ad Alessandria, quando era stata conquistata,
 e spesso era diventato il capotavola,
primeggiando sulle altre nazioni, in Prussia.
 In Lituania aveva compiuto Reysen, e in Russia[35]
tanto spesso quanto nessun cristiano del suo stato.

Da sottolineare che Chaucer scrisse letteralmente. *He reysed*, usando come verbo il termine tedesco, evidentemente talmente noto da definire l'azione stessa anche presso un pubblico inglese.

Nel 1375 il Gran Maestro Winrich von Kniprode offrì ai dodici partecipanti d una tavola d'onore un vessillo su cui era riportata l'impresa *Honneur vainc tout* in lettere dorate.

In un certo senso l'aspetto cavalleresco ed eroico tendeva sempre di più a soppiantare quello religioso.

Nel Poitou l'Ordine del *Tiercellet* autorizzava i propri cavalieri che avessero preso parte ad una crociata baltica ad aggiungere al proprio stemma un artiglio di falcone in oro.

Va però detto come non mancarono, nel corso del XIV secolo, anche battaglie campali, che avvenivano durante le *Reysen*, quando i Fratelli riuscivano ad intercettare il nemico in campo aperto, che videro il prevalere dei Teutonici: nel febbraio del 1338 l'allora Gran Commendatore von Kniprode, ed il Maresciallo dell'ordine, sconfissero sul fiume Strawe una coalizione formata dai lituali e da truppe di Polosk, Vitebsk e Smolensk. I lituali non riuscirono a ritirarsi per la piena del fiume, ed ebbero migliaia di morti, tra cui il fratello del granduca Algirdas. Alla battaglia presero parte anche crociati francesi ed inglesi (che combatterono insieme contro i pagani, a dispetto della Guerra dei cent'anni in corso nella Francia settentrionale).

Non sempre però le battaglie erano delle passeggiate.

Il 17 febbraio 1370 von Kniprode, già *Hochmeister*, si scontrò con un esercito lituano, comandato dal fratello e correggente di Algirdas, il duca Kenstutis, che era diretto contro Königsberg per assediarla, e lo sconfisse in una dura battaglia presso Rudau. L'Ordine disperse i lituani e catturò lo stendardo dell'esercito del granduca, ma perse nello scontro il Maresciallo dell'Ordine, Henning von Schindekopf, ventisei comandanti e duecento Fratelli tra cavalieri e sergenti.

---

[35] Geoffrey Chaucer, *The Canterbury Tales*, Prologue (frag. A).
Il testo, in medio inglese, è il seguente:
At Alisaundre he was whan it was wonne.
Ful ofte tyme he hadde the bord bigonne
Aboven alle nacions in Pruce;
In Lettow hadde he reysed and in Ruce,
No Cristen man so ofte of his degree.

Le *Reysen* cessarono nel 1386 quando Jagiello, granduca di Lituania si fece battezzare, sposò a Cracovia la regina Edwiga (Edvige) ed assunse il nome di Vladislao II Jagellone di Polonia. Polonia e Lituania si uniono in una federazione in chiave antiteutonica.

Ovviamente, l'unione tra Lituania – ormai cristiana, e dunque non più soggetta ad attacchi crociati – e Polonia non poté non allarmare i Teutonici, consci della minaccia dello Jagellone.

Dopo il 1402 i Teutonici avevano dovuto rinunciare a diversi territori di recente acquisizione: Dobryzin tornò alla Polonia, e Gotland venne restituita ai Danesi.

I polacchi mal sopportarono la perdita di Danzica e della Pomerelia, che costituiva il loro unico accesso al Mar Baltico. Per questo, a partire dal 1316, iniziarono delle scaramucce che sfociarono, nel 1328, in una vera e propria guerra, finché tra alterne vicende si giunse alla pace di Kalisz del 1343, che confermava i possessi dei Cavalieri.

Furono però i soprattutto i lituani a dare filo da torcere all'Ordine durante il '300. Dopo la morte di Mindaugas, nel 1262, il cattolicesimo scomparve rapidamente, e ripresero le battaglie contro i Cavalieri Teutonici. Questo stato di cose si protrasse fino al 1320, quando il Granduca Gedimanas (Gedymin, 1316-1341) lanciò un'offensiva in grande stile contro i possedimenti dell'Ordine Teutonico.

Gedimas fu una delle personalità più notevoli della storia del Nord Europa, il fondatore della dinastia degli Jagelloni, che avrebbero dominato Polonia e Lituania: fu sotto il suo dominio che la Lituania cominciò a conquistare un vasto stato, iniziando con l'offensiva del 1220, che aveva lo scopo, nizialmente solo difensivo, di porre un termine alle devastanti *Reysen* dei Teutonici.

Il 27 luglio 1320 riportò così un'importante vittoria a Medenik nella Samogizia. Nel corso della battaglia il maresciallo dell'Ordine, Enrico di Plötzke trovò la morte assieme a numerosi cavalieri e al procuratore della Sambia, Gehrad von Ruden. Gedimanas, temendo la crociata, si fece battezzare (rimanendo però in realtà fedele alle proprie convinzioni politeistiche) e concesse la propria figlia in moglie all'erede del re di Polonia Vladislao IV.

Tuttavia, nel 1322, la guerra riesplose.

I lituani riconquistarono la Samogizia, occuparono Memel, invasero la Mazovia polacca e Dobrzin, attaccarono la Livonia, arrivando fin sotto Riga, dopo aver distrutto tutte le chiese e i monasteri. Negli anni 1322-1323 si calcola che ben 20.000 cristiani rimasero vittima delle incursioni lituane[36].

Nel 1338 l'Ordine, guidato dal Gran Maestro, Dietrich von Altenburg, inflisse una pesante sconfitta ai Lituani nella piana di Dablawken (Galeluken), non lontano da Medenik.

Nel 1343, la guerra riprese, con incursioni lituane in Livonia, Sambia e Samogizia. Nel 1346, il Re di Danimarca, Valdemaro IV (1340-75), vendette all'Ordine per 19.000 marchi d'argento tutti i possedimenti danesi nell'Estonia, con la città di Tallinn. I possessi dei Teutonici andavano ora dalle foci della Vistola fino al golfo di Finlandia, senza soluzione di continuità.

Nel 1348 il nuovo Gran Maestro, Heinrich von Arffberg, preparò una spedizione di 40.000 uomini contro la Lituania; le perdite furono considerevoli d'ambo le parti, ma i Cavalieri ebbero la meglio e l'estate successiva furono in grado di compiere un ulteriore *Reysa*, che procurò migliaia di prigionieri, poi costretti ad accettare forzatamente il battesimo.

---

[36] Nicolle 1999, pp.217.

Nel 1349, i Lituani e i Russi fecero una nuova incursione in Prussia e Warmia, ma l'Ordine li sconfisse alla Strebe (Strebnitz).

Nel 1365 venne sacrificato dai Lituani agli dei pagani, in uno di questi scontri, il cavaliere Henzel Neuenstein e ancora nel 1389, Marquard von Raschau.

Particolarmente sanguinosa fu la *Reysa* dell'inverno 1370. Durante la battaglia di Rudau, nel febbraio, l'Ordine, che aveva occupato l'isola di Gotland, sconfisse una massa di circa 60.000 uomini, composta da lituani, samogiti, russi e mongoli. I caduti degli avversari furono 10.000, mentre i Teutonici persero 26 commendatori, tra cui il Maresciallo di Prussia, Schindekop, 200 cavalieri e numerosi sergenti.

Nel 1386, il Granduca di Lituania, Jagellone, si fece battezzare per sposare la figlia del Re di Polonia, Edwige. Il Lituano sarebbe quindi divenuto un giorno re di quella nazione, che aveva nell'Ordine Teutonico il suo maggior avversario. E una Lituania cristiana rendeva difficile giustificare le sempre più frequenti spedizioni teutoniche verso l'interno.

Nel 1404, a Racziansz fu conclusa una "pace perpetua" tra i Cavalieri e lo Jagellone. In base al Trattato, era confermata la Samogizia come territorio dell'Ordine, che consentiva così di unire la Prussia alla Livonia, senza soluzione di continuità, ratificando inoltre anche il possesso, acquisito ad Ovest nel 1402, del Neumark del Brandeburgo. L'Ordine Teutonico aveva così raggiunto l'apice della potenza.

All'inizio del '400 i Teutonici esercitavano la sovranità su una popolazione di oltre due milioni, raggruppata in 19.000 villaggi, 55 città dotate di mura e 48 fortezze. Tuttavia l'Ordine aveva dei nemici potenti. In primo luogo i coloni tedeschi erano ormai insofferenti della sua autorità. Così finirono con l'allearsi col più pericoloso rivale esterno dei monaci-cavalieri: lo stato polacco-lituano, che non aveva mai accettato la presenza teutonica lungo le coste baltiche.

Il principe lituano Jagellone nutriva un odio profondo verso i cavalieri e una volta giunto al potere anche in Polonia non mancò di sostenere tutte le rivolte che potessero metterli in difficoltà.

Nel 1407 e nel 1409 si ribellarono i samogiti. Il 22 luglio di quello stesso anno, Ladislao Jagellone in un atto ufficiale si proclamò *Wladislaus, Dei gratia rex Poloniae, dux supremus Lithuaniae, haeres Pomeraniae et Russiae dominus et haeres*, rivendicando quindi ufficialmente i territori appartenenti ai monaci-guerrieri. Nel 1410 l'arbitrato offerto dal re di Boemia Venceslao fu rifiutato dai polacchi, che ormai puntavano sullo scontro aperto.

9. Tannenberg

Nel 1410 la Samogizia, sobillata da Ladislao, si ribellò all'Ordine Teutonico, ricevendo l'appoggio di Polonia e Lituania.

Iniziò dunque la guerra tra l'Ordine e Ladislao II, che invase la Prussia – e non il contrario, come sostennero molti storici polacchi: il territorio apparteneva ai Teutonici, e gli abitanti, anche polacchi, erano sudditi teutonici che vedevano con terrore Jagellone – devastandone il territorio con i mercenari tartari ed i lituani, il cui comportamento verso la popolazione fedele all'Ordine Teutonico, sopratttutto dopo la presa e la messa a sacco di Gilgenberg, fu talmente crudele da provocare le proteste dei nobili polacchi. Ciò obbligò il Gran Maestro, che da principio aveva scelta una strategia difensiva, ad avanzare contro il nemico.

A luglio un esercito teutonico, al comando del Gran Maestro Urlich von Jungingen, affrontò una coalizione formata da polacchi, lituani, russi, ungheresi, valacchi, mongoli, serbi e slesiani, comandati da Vladislao II Jagellone e dal fratello Vytautus, granduca di Lituania, a Tannenberg (Grünwaldt per i polacchi), in Prussia Orientale.

La battaglia è diventata un simbolo per polacchi e tedeschi: per gli uni, il simbolo della libertà della Polonia, per gli altri la difesa dell'Europa e dell'Occidente dalle orde slave.

La *Cronaca* di Posilge, il cronista tedesco autore del miglior resoconto della battaglia, così descrive gli avvenimenti che precedettero lo scontro:

Perché il re di Polonia non ardiva attraversare il Drewenz, si diresse verso Gilgenberg, occupò la città, la diede alle fiamme, e infuriò su giovani e vecchi, mentre i pagani assassinavano e compivano sacrilegi, profanavano le chiese, stupravano donne e ragazze, strappando loro i seni per torturarle, o rapendole come schiave. I pagani compirono sacrilegio profanando i sacramenti, entrati nelle chiese sbriciolavano l'ostia tenendola in mano, la buttavano a testa per calpestarla, e così La oltraggiavano. Le loro bestemmie e le loro offese toccarono il cuore del Gran Maestro, dell'Ordine tutto, dei cavalieri ospiti e dei loro armati: mossi da sacrosanta indignazione si mossero per affrontare il re; cavalcarono da Lubov sino a Tannenberg, che è un paesetto nel territorio di Osterode, e là colsero di sorpresa il re, giungendo senza esser scorti dopo aver percorso al galoppo quindici miglia in quell'alba del 15 di luglio. Quando arrivarono in vista dei nemici, serrarono le fila e per più di tre ore rimasero ad osservarlo. Il re mandò i pagani per provocare delle scaramucce, ma i polacchi erano stati colti completamente di sorpresa.

La battaglia avvenne il 15 luglio. Le fonti contemporanee parlano di 16 o 83.000 cavalieri Teutonici ed un numero di polacchi oscillante intorno a 163.000, cifre più attendibili parlano di 21.000 cavalieri e 11.000 fanti per i Teutonici, 18-29.000 cavalieri polacchi, 4.000 fanti polacchi, 11.000 cavalieri lituani, 1.500 mongoli di Crimea, cavalleria serba e valacca. Come scrisse Posilge con malcelato – e non del tutto infondato – disprezzo, Jagellone

Insistette nella sua empia volontà di offendere la Cristianità. Non gli bastavano i malvagi pagani ed i polacchi, ma volle assoldare un gran numero di mercenari dalla Moravia e dalla Boemia, e tutti i cavalieri e gli armati che, contro l'onore, la rettitudine e l'onestà, si affiancarono ai pagani per attaccare la Cristianità e devastare le terre di Prussia.

Lascia perplessa l'accusa di assoldare mercenari, pratica comune per l'Ordine Teutonico.

L'Ordine infatti utilizzava un gran numero di mercenari allo scopo di rinforzare le proprie forze, utilizzando soprattutto truppe dei paesi sottomessi e divenuti vassalli Teutonici. In origine i mercenari erano soprattutto tedeschi, anche per la situazione frammentaria dell'impero, diviso in centinaia di contee, ducati e città libere. Non abbiamo numeri certi, ma il cronachista polacco del XV secolo Jan Długosz scrisse che a Tannenberg erano presenti circa 4.000 mercenari al soldo dell'Ordine su 30.000 in totale. Non è chiaro se Długosz faccia riferimento solo alle truppe a cavallo, ciò che sembra probabile dato che il cronachista solitamente non prestava molta attenzione alla presenza dei fanti.

Fonti teutoniche sembrerebbero confermare i numeri forniti da Długosz. Infatti, a Tannenberg erano presenti 1.237 lance di cavalleria, formate da un cavaliere, uno scudiero ed un servitore, per un totale dunque di 3.711 uomini[37].

Queste lance ricevevano un pagamento di undici marchi al mese, che, nel XV secolo, avrebbero permesso l'acquisto di otto vacche o di quattrocento oche.

I Teutonici erano organizzati in 52 bandiere, contro 50 bandiere polacco-lituane (i polacchi erano schierati sulla sinistra, i lituani sulla destra).

Sebbene il comandante della coalizione fosse nominalmente re Vladislao, il comandante effettivo fu suo fratello, il granduca Vytautus; alla testa dell'Ordine era il Gran Maestro Ulrich von Jungingen.

I due eserciti si fronteggiavano ma i Teutonici non approfittarono della sorpresa; scrive Posilge:

se avessero attaccato subito il re avrebbero guadagnato l'onore ed il bottino, ma purtroppo ciò non avvenne. Vollero invitarlo a dare battaglia, affinché potesse battersi cavallerescamente contro di lorro. Il Maresciallo, tramite gli araldi, mandò al re due spade sguainate [in segno di sfida].

Anziché attaccare, dunque, von Jungingen ordinò ai cavalieri di prepararsi spiritualmente alla battaglia, e i Teutonici intonarono il loro inno *Christ ist erstanden*, *Cristo è risorto*, in risposta al quale i polacchi ed i lituani cantarono *Bogu rodzica dzewica*, *Vergine madre di Dio*.

I monaci cavalieri di Santa Maria dei Teutonici stavano per ingaggiare la battaglia decisiva della loro storia non più contro pagani o scismatici ma contro altri cattolici.

Alle nove del mattino, dopo scontri di cavalleria, l'artiglieria teutonica aprì il fuoco. I lituani si lanciarono alla carica, mettendo in fuga le milizie feudali armate alla leggera, ma scontrandosi con una controcarica di 15 bandiere teutoniche guidate dal Grande maresciallo di Prussia Friederich von Wallenrod, che misero in fuga i lituani (eccetto tre bandiere di Smolensk che si ritirarono in ordine). Sette bandiere teutoniche attaccarono il fianco polacco, venendo massacrate.

Nel frattempo, il Grande commendatore von Liechenstein con 20 bandiere attaccò il fianco ed il centro polacchi, venendo respinto, così come venne respinto l'attacco delle bandiere di riserva ordinato dal Gran Maestro, mentre la fanteria polacca attaccò il fianco destro dei cavalieri.

Presto la battaglia degenerò in un massacro in cui il numero superiore di polacchi e lituani ebbe buon gioco nello sterminare i Teutonici.

---

[37] Le forze dell'Ordine erano invece organizzate secondo la tradizionale divisione in bandiere, ossia un fratello cavaliere e dieci sergenti d'arme.

Dopo dieci ore di combattimento sul campo erano rimasti il Gran Maestro – la sua morte provocò il collasso della resistenza teutonica – il Gran commendatore, il Tesoriere dell'Ordine, il Maresciallo e diciottomila uomini.

Di settecento fratelli cavalieri presenti sul campo solo 15 vennero presi prigionieri vivi. Furono catturati, secondo le fonti polacche, 14.000 uomini. Morirono anche 4 o 5.000 tra polacchi e lituani e 8.000 vennero feriti. Come scrive la *Cronaca* di Posilge,

L'esercito, sia la cavalleria che la fanteria, fu totalmente sbaragliato. Vite, beni ed onore andarono perduti, ed il numero delle persone uccise non poté nemmeno essere contato. Dio abbia pietà di loro[38].

I polacco-lituani catturarono inoltre tutte le 52 bandiere dell'Ordine, che vennero poi portate come ex-voto nella cattedrale di Cracovia, dove si trovano tuttora; nel 1448 Jan Długosz le descrisse nell'opera *Bandiera Prutenorum*, illustrata da Stanislaw Durink, documento essenziale per la conoscenza dell'araldica e della vessillologia teutonica.

La disfatta era totale, ma sia la disorganizzazione polacca che il timore suscitato dalle perdite inflitte dai Cavalieri al nemico rallentarono e quasi paralizzarono gli eserciti dei due Jagelloni: i Teutonici riuscirono a conservare Marienburg ed a passare al contrattacco, riconquistando presto i territori perduti.

Jagellone proseguì lentamente la marcia verso nord e pose l'assedio a Marienburg, validamente difesa dal vice Gran Maestro, von Plauen, cui fu dato quel titolo in attesa che il Capitolo generale eleggesse il nuovo *Hochmeister*.

La Prussia venne invasa e molte città aprirono le porte ai polacchi (Thoron, Strassburg, Schwetz) facendo atto di sottomissione. In dicembre iniziarono i negoziati che si conclusero con la prima pace di Thoron del 1° febbraio 1411. Il trattato prevedeva la restituzione all'Ordine di tutti i suoi antichi territori, eccetto la Samogizia, che diveniva possesso polacco-lituano vitalizio per Jagellone e suo cugino Vitold, Granduca di Lituania. Alla loro morte la regione sarebbe ritornata agli antichi proprietari, il che però non avvenne.

Tuttavia, nonostante l'assedio posto dal re di Polonia a Marienburg, che negava ogni tipo di tregua agli assedianti von Plauen non cedette e, mentre il *Landmeister* di Livonia, Michael Küchmeister, sino ad allora inattivo, giunse a Königsberg ed iniziò la riconquista della Prussia orientale, e il re di Boemia ed anche tedeschi ed ungheresi inviavano rinforzi, e la lega anseatica, alleata dell'Ordine, controllava il Baltico ed i fiumi, Ladislao dovette ammettere la sconfitta ed abbandonare l'assedio dopo otto settimane, il 19 settembre, incalzato da von Plauen durante la ritirata.

La pesante sconfitta ebbe gravi ripercussioni interne. Il nuovo Gran Maestro, Heinrich von Plauen, punì severamente i traditori; inoltre a causa del dissesto finanziario dovuto alla guerra, impose una tassa supplementare su tutti gli abitanti della Prussia, sollevando il malcontento dei ceti mercantile e nobiliare.

La soluzione del contenzioso polacco-teutonico fu demandata alle decisioni del Concilio di Costanza. Il quale, il 17 giugno 1416, decise che la Samogizia divenisse terra imperiale, e i polacco-lituani sudditi dell'Impero. L'Imperatore Sigismondo nel 1421 stabilì infine di lasciare gran parte della Samogizia ai lituani, eccetto la fascia costiera, sottraendola definitivamente all'Ordine.

---

³⁸ Riportato in Urban,*The Teutonic Knights*, cit., p.308 della trad. it.

Sennonché nel 1422, sotto il magistero di Paul Bellizer von Russdorf, i polacchi ripresero la guerra, costringendo i Teutonici con il trattato di Melno del 27 settembre 1422, a cedere parte delle loro terre meridionali e a rinunciare definitivamente alla Samogizia.

Jagellone però, non contento, riprese le ostilità nel 1433. Assoldò un contingente di 8.000 hussiti boemi, che si diedero a incendiare sistematicamente i villaggi e le città dell'Ordine, che cadevano in loro possesso, volendo così vendicarsi delle persecuzioni che subivano in altre terre dell'Impero. Con i due trattati di Lencici del 15 dicembre 1433 e di Brzesc del 31 dicembre 1434 la guerra si concluse con la sconfitta dell'Ordine, mentre l'eresia hussita, favorita dall'appoggio della cattolica Polonia, si diffondeva sempre più tra la popolazione.

L'Ordine Teutonico si era trovato diviso sulla questione dell'eresia hussita. Von Plauen venne, infatti, accusato d'esser troppo compiacente verso gli eretici, essendosi tra l'altro dichiarato favorevole al matrimonio dei religiosi, come preconizzava Hus. L'Ordine si spaccò in due fazioni: i basso tedeschi (Germania del Nord) erano favorevoli alle novità hussite, mentre gli alto-tedeschi, che erano la maggioranza, volevano contrastare l'eresia.

Quest'ultimi si rivolsero al papa Gregorio XII e all'Imperatore Sigismondo; intimarono al Gran Maestro per tre volte di comparire dinanzi al Capitolo generale, ma quello non si presentò. Allora il cavaliere più anziano, conformemente alle regole, fu incaricato di arrestarlo.

L'11 ottobre 1413 il Gran Maestro Heinrich von Plauen fu deposto, assieme a numerosi commendatori che avevano favorito l'eresia. Il 9 gennaio 1414 venne eletto Gran Maestro Michael Küchmeister von Sternberg, il cui scopo principale fu quello di mantenere i Teutonici nell'ortodossia cattolica.

10. Declino e fine dell'Ordenstaat

Malgrado ciò l'eresia faceva proseliti nei territori dell'Ordine. Il commendatore di Danzica, von Eilenstein e il borgomastro Beke favorivano apertamente l'hussitismo, ma nel 1416 una riunione generale degli stati della Prussia decise la condanna ufficiale dell'eresia. Allora il Capitolo generale dei Cavalieri stabilì di prendere seri provvedimenti contro gli eretici: conformemente ai decreti del Concilio di Costanza, gli scritti furono bruciati, fu proibito di seppellire gli eretici nei cimiteri cristiani e assistere ai loro funerali.

Nel 1454 si aprì la Guerra dei Tredici anni, una vera e propria guerra civile tra la Confederazione Prussiana (*Der Preussische Bund*) formata dai rappresentanti delle città e della nobiltà, ed i Cavalieri Teutonici. La Confederazione si diede da fare per scatenare una ribellione generale, e chiese quindi aiuto al re di Polonia, promettendo che, se fossero stati confermati i propri privilegi, la Prussia sarebbe divenuta vassallo della corona polacca. Metà delle città defezionò e anche gran parte dei vescovi, coi loro capitoli, fece atto di sottomissione al sovrano polacco.

Il 18 settembre 1454, tuttavia, i Teutonici, rafforzati da contingenti tedeschi, sconfiggevano polacchi e confederati a Könitz, in Pomerelia, mentre il papa decideva di scomunicare i ribelli e il re di Polonia, appoggiato in questo dall'Imperatore Federico III e dalla maggior parte dei sovrani europei.

Quel che mancava ai Teutonici, tuttavia, era il denaro per mantenere un forte esercito di mercenari; così l'Ordine fu costretto, con un documento datato 16 settembre 1455, a cedere la Nuova Marca (il suo possedimento più occidentale) all'elettore del Brandeburgo, in quanto insolvente nei suoi confronti.

L'Ordine si trovò dunque nell'impossibilità di pagare i mercenari, per gran parte hussiti boemi. Il re di Polonia, allora, ne approfittò per prendere contatti con loro, chiedendo, in cambio del pagamento del soldo, la cessione delle città, in cui erano di guarnigione. In particolare, Zerwonka, comandante della guarnigione di Marienburg, il 15 agosto 1456, si accordò coi polacchi per un compenso di 436.192 fiorini. I cavalieri e il Gran Maestro caddero allora suoi prigionieri, costretti a subire i soprusi dei soldati eretici, che li malmenavano e derubavano in continuazione.

L'8 giugno 1457 Casimiro, re di Polonia, prese possesso di Marienburg e l'Ordine Teutonico si trasferì a Königsberg, che da quel momento divenne la nuova residenza del Gran Maestro.

La guerra continuò per quasi dieci anni, mentre i polacchi completavano l'occupazione della Prussia occidentale.

Il 19 ottobre 1466 si giunse al secondo Trattato di Thoron; i possessi dell'Ordine furono spartiti nel modo seguente: i territori a ovest, Kulmerland, Michalow, la Pomerelia con Danzica, Marienburg, Elbing, Christburg passarono alla Polonia, mentre all'Ordine restò la Prussia orientale con Memel e Königsberg.

Infine il Gran Maestro accettava di divenire vassallo della Polonia e consigliere della Corona, non potendo essere deposto senza il consenso reale; inoltre anche i nobili polacchi poterono accedere all'Ordine, purché il loro numero non superasse la metà dei Fratelli Cavalieri.

Si vennero così a creare due Prussie: quella reale, dipendente direttamente dalla Polonia e quella ducale o teutonica, stato vassallo della corona.

Alla morte del Gran Maestro Johann von Tiefen (1497) avvenne un importante mutamento nella modalità d'elezione dell'*Hoch-meister*. I Cavalieri, desiderosi di controbilanciare l'autorità polacca sull'Ordine, decisero di eleggere un principe tedesco, che, pur non possedendo le caratteristiche richieste dalla regola, potesse, con il prestigio del suo rango, ridare lustro ai Teutonici e porsi quasi da pari a pari con il sovrano polacco. La scelta cadde sul principe Federico di Sassonia, il quale, forte dell'appoggio dell'Im-peratore e della dieta imperiale, si rifiutò di prestare l'omaggio vassallatico alla Polonia.

Quando morì nel 1510, il Capitolo generale nominò Gran Maestro un altro principe territoriale tedesco, Alberto, margravio del Brandeburgo, appartenente ad un ramo cadetto della casata degli Hohenzollern. Questi, come il predecessore, al momento di assumere la carica, dovette pronunciare i voti solenni. Anch'egli si rifiutò di prestare omaggio al re di Polonia, adducendo che l'Ordine era un vassallo imperiale e che quindi era da considerarsi nullo il trattato di Thoron del 1466.

Alberto si rivolse allora all'imperatore Carlo V d'Asburgo, per chiedere l'appoggio imperiale, ma Carlo gli consigliò di cedere alle pretese polacche e di prestare omaggio al re Sigismondo.

Alberto rifiutò nuovamente e giudicò la risposta imperiale come un vero e proprio tradimento.

Nel 1522 partì per la Germania, dove a Wittemberg incontrò Lutero. Il 28 marzo 1523 inviò una lettera ai membri dell'Ordine, con cui li invitava ad infrangere i voti e prender moglie: in pratica l'Ordine veniva secolarizzato. Lutero inviò in Prussia un suo predicatore, l'ex francescano Johann Brisman.

Il 25 dicembre 1523 il vescovo di Sambia, Polentz, prese ufficialmente posizione a favore della Riforma nella Thumkirche di Königsberg. In pochi mesi l'intera Prussia fu conquistata dall'eresia.

Alberto di Brandeburgo, con il Trattato di Cracovia dell'8 aprile 1525, si dichiarava vassallo del Re di Polonia, e riceveva per sé e i suoi discendenti, sia diretti che collaterali, come feudo ereditario indivisibile, il Ducato di Prussia. Il tradimento di Alberto di Prussia fu riprovato sia da Carlo V che da papa Clemente VII.

All'interno dell'Ordine, poi, il Maestro di Germania (*Deutschmeister*), Dietrich von Cleen, parlando dinanzi alla Dieta di Spira nel giugno del 1526, condannò pubblicamente l'apostasia del Gran Maestro e la secolarizzazione dei beni dell'Ordine in Prussia. In attesa dell'elezione del nuovo Magister, assunse ad interim la responsabilità dell'Ordine.

Il 16 dicembre 1526 si riunì a Marienthal, in Franconia, il Capitolo generale che elesse Walter von Cronberg. Il Capitolo inoltre stabilì che da quel momento la carica di Gran Maestro fosse indivisibile da quella di Maestro di Germania (*Hoch- und Deutschmeister*), decisione che venne ratificata da Carlo V il 18 gennaio 1527.

Così, a partire dal 1529, il Gran Maestro portò ufficialmente il doppio titolo di *Hoch- und Deutschmeister* e furono rinsaldati i legami con la casa imperiale d'Absburgo.

La Livonia rimase cattolica fino al 1559, quando il maestro provinciale Kettler passò alla riforma. Nel 1561 cedette la Livonia alla Polonia e ne ricevette in cambio, come feudo ereditario, il ducato di Curlandia e Semgallia. Il 5 marzo 1562 infine a Riga Gotthard Kettler depose solennemente il mantello bianco dell'ordine e fece omaggio al re di Polonia, sposando nel 1566 una principessa protestante tedesca. Si creò, così, la paradossale situazione che una monarchia di antica tradizione cattolica, la Polonia, favorì la nascita di due stati-vassalli eretici alle sue dipendenze.

Nel 1500 il Baltico, che visse l'ultima crociata nel 1505, emanata da papa Giulio II (1503-13), era diventato in pratica un coacervo di popolazioni, lingue, culture, religioni e governi che delle tradizioni originarie non aveva più nulla: tutto era stato irreversibilmente trasformato dalle forze politiche militari e commerciali provenienti dall'Europa cattolica.

D'ora in avanti l'espansione della fede cattolica verso est poteva dipendere solo dai rapporti tra il principato di Mosca, il regno polacco-lituano e la tripla monarchia scandinava: l'Ordine Teutonico era troppo debole perché potesse avere un qualche ruolo politico-militare.

Quando nel 1561 l'Estonia passò sotto il dominio svedese, anche il ramo livone dell'Ordine scomparve dalla scena politica, anche se ufficialmente verrà soppresso solo da Napoleone nel 1809.

Parte Seconda

ORDENSBUCH

GLI STATUTI E LA REGOLA DELL'ORDINE TEUTONICO

(Ms Borussicum 79, Staasbibliothek, Berlino, a.D.1264)

INTRODUZIONE

L'esistenza di una forte organizzazione gerarchica con istituzioni centralizzate fu fondamentale per l'Ordine Teutonico per poter esercitare la propria autorità su territori tanto lontani e frammentari come la Siria e la Palestina, le province di combattimento, Prussia e Livonia, e sulle varie case e monasteri dalla Sicilia alla Pomerania, dalla Svevia alla Borgogna; ed il funzionamento di tale struttura gerarchica e di tutti i suoi rami era determinato dagli Statuti dell'Ordine, i quali avevano ricevuto l'approvazione papale da parte di Innocenzo III il 19 febbraio 1199.

Gli Statuti, noti anche con il nome di Ordensbuch, erano composti dalla Regola, dalle leggi e dalle usanze, che venivano continuamente aggiornate, adattandole alle necessità contingenti [39].

Nella redazione dell'Ordensbuch del 1442, infatti, il corpus arrivò a comprendere un prologo, la Regola (passata da 37 articoli a 39), le leggi emanate dai Capitoli Generali dell'Ordine sino al 1291, ossia l'abbandono della Terra Santa, le leggi supplementari emesse dai gran Maestri posteriormente a quella data- essenzialmente un codice penale- i costumi (sessantaquattro articoli), ed il rituale d'ammissione all'Ordine del cavaliere, seguito dalle preghiere.

All'atto dell'investitura, il neo cavaliere Teutonico giurava di seguire la Regola sino alla morte:

Prometto la castità del mio corpo, la povertà e l'obbedienza a Dio, a Santa Maria, ed a voi, Maestro dell'Ordine Teutonico ed ai vostri successori, secondo la Regola e le pratiche dell'Ordine, fino alla morte.

Al momento della fondazione, come riporta il Prologo dello Statuto, i vertici del neonato ordine dell'Ospedale di santa Maria dei Teutonici scelsero di adottare, per quanto riguardava l'assistenza ai malati – per cui l'Ordine era nato ai tempi dell'assedio di Acri nel 1190 – alla regola degli Ospitalieri di San Giovanni, e, per la parte che atteneva alla cavalleria, alla Regola Templare, che restò a lungo alla base dei vari articoli, venendo ripresa (e riassunta) a volte letteralmente, sia pure con numerosi adattamenti dovuti ai diversi teatri operativi, perché ciò che andava bene in fatto di abbigliamento e di alimentazione in Terra Santa non sempre era altrettanto adatto al clima del baltico.

Vi erano articoli ispirati tanto alla regola agostiniana (per la parte tratta dallo statuto dell'Ospedale) quanto a quella benedettina (per gli articoli di origine templare).

Del resto, era stato il Gran Maestro del Tempio Gerard de Ridefort in persona a consegnare all'Hochmeister Heinrich Walpot una copia della Regola del Tempio, nel corso di una cerimonia nella sede templare di San Giovanni d'Acri, i cui articoli sarebbero stati modificati nel 1244 nella maniera qui presentata.

La differenza fondamentale con gli altri due Ordini militari maggiori era proprio nel fatto che, a differenza di Templari ed ospitalieri, l'Ordine Teutonico aveva anche un luogo diverso dall'Outremer in cui condurre crociate, giustificandone così l'esistenza, ciò che – a differenza dei Templari, rimasti senza più scopo dopo la caduta in mano musulmana della Terra Santa

---

[39] H. Bogdan, *Les chevaliers teutoniques*, Paris 1995 (tr. it. Casale Monferrato 1998, pp. 165-166).

nel 1291, ed esposti alle mire di un nascente regno di Francia che non poteva ammettere poteri indipendenti dalla corona – permise all'ordine di mantenere le proprie caratteristiche di combattenti per la fede[40].

Tuttavia, pur mantenendo forti punti di contatto con i modelli, l'Ordine Teutonico finì per emanciparsi dai due ordini concorrenti, soprattutto ad opera di Hermann von Salza, che riuscì se così possiamo dire, a far uscire di minorità i Teutonici, ponendoli sullo stesso piano di Templari ed ospitalieri; così, papa Innocenzo IV concesse la Regola all'Ordine con una bolla del 9 gennaio 1221, seguita da trentaquattro lettere composte tra il 15 ed il 21 gennaio che il pontefice inviò al Gran Maestro.

Si tratta per l'appunto della regola che qui viene presentata per la prima volta in traduzione italiana, nella versione del manoscritto Borussico n. 79 della Staatsbibliothek di Berlino.

Si tratta del più antico manoscritto che ci sia pervenuto tra le numerose versioni dello Statuto Teutonico, anteriore agli statuti modificati dopo il Consiglio generale dell'Ordine, tenutosi a Venezia nel 1297 e che diedero maggiori poteri al gran Maestro Gottfried von Hohenlohe, nel suo fallimentare tentativo di moralizzare i troppo secolarizzati cavalieri in Prussia.

Vi erano articoli ispirati tanto alla regola agostiniana (per la parte tratta dallo statuto dell'Ospedale) quanto a quella benedettina (per gli articoli di origine templare).

Del resto, era stato il Gran Maestro del Tempio Gerard de Ridefort in persona a consegnare all'Hochmeister Heinrich Walpot una copia della Regola del Tempio, nel corso di una cerimonia nella sede templare di San Giovanni d'Acri, i cui articoli sarebbero stati modificati nel 1244 nella maniera qui presentata.

Il manoscritto berlinese, datato al 1264 e redatto in medio tedesco, è il più antico di ventiquattro codici manoscritti in tale lingua; in olandese esistono quattro manoscritti, il più antico dei quali risale al XIV secolo ed è conservato nella Biblioteca reale dell'Aia (ms. 1121).

Ancora al XIV secolo risale una versione francese, l'unica conosciuta in tale lingua, una volta nella Königsbibliothek di Königsberg (ms 1574), oggi perduto, come perduto è il passato della città di Kant, di Herder e dei Teutonici, distrutta nelle sue parti più antiche e nei ricordi dei suoi più illustri figli dalla barbarie del comunismo sovietico[41]. Si trattava di una copia assai corrotta e redatta in un francese approssimativo.

Sono noti cinque codici scritti in latino, redatti tra il XIV ed il XV secolo, uno solo dei quali è datato con esattezza al 1389: anch'esso era nella Königsbibliothek di Königsberg (ms 1564) ed anch'esso è oggi perduto a causa degli eventi bellici.

Nella Biblioteca Vaticana esiste un codice latino della fine del XIV-inizi del XV secolo (Cod. Reg. Lat. 163) proveniente quasi certamente dalla Pomerania svedese, che in origine faceva parte delle collezioni di libri della regina Cristina Wasa di Svezia.

La prima edizione di un codice con gli Statuti dell'Ordine risale al 1724, quando Raymund Duellius pubblicò uno dei manoscritti latini trecenteschi.

---

[40] Anche gli Ospitalieri, sia pure in maniera più contenuta, si salvarono da un pur paventato scioglimento (era stato anche ipotizzata una fusione dell'ordine con quello Templare) grazie ai propri possedimenti a Cipro ed a Rodi prima, ed a Malta poi.

[41] Tutti i monumenti sopravvissuti alla guerra e legati alla memoria dell'Ordine, dei duchi di Prussia, di Immanuel Kant e di Johann Gottfried Herder vennero rasi al suolo dai sovietici dopo la guerra, per cancellare il passato tedesco di Königsberg. I sovietici cambiarono il nome della città in Kalinigrad, dal nome di un oscuro funzionario gradito a Stalin. Il nome tedesco (che significa *Montagna del Re*) era stato dato alla collina di Twangste, su cui sorgeva in origine un bosco sacro agli dei borussi, dai Cavalieri Teutonici in onore di Ottocaro II di Boemia, che nel 1256 era arrivato in Samlandia con un grande esercito.

Nel 1847, O.F. H. Schönhuth curò la pubblicazione del codice medio tedesco n.182 custodito nell'archivio Centrale dell'Ordine Teutonico a Vienna; tale manoscritto risale agli inizi del XIV secolo.

Pochi anni dopo, nel 1857, l'olandese W. J. d'Ablaing van Giessenberg pubblicò una versione in neerlandese degli Statuti, *basata su due testi del XIV e del XVI secolo, rilegati in un codice nella Biblioteca reale dell'Aia (Mss 1121).*

Nel 1872 venne pubblicato a cura dei Fratelli dell'Ordine Teutonico il testo dello Statuto riportato nel codice latino vaticano già ricordato (Cod. reg. Lat. 163).

Ma l'edizione fondamentale degli Statuti *venne pubblicata nel 1890 dallo storico prussiano Max Perlbach (1848- 1921) con il titolo* Die Statuten des Deutschen Ordens[42], *lavoro che a tutt'oggi rimane insostituibile.*

Perlbach riportò sinotticamente su colonne parallele le versioni più antiche in medio tedesco, olandese e latino, e l'unica versione francese, collazionandole con i manoscritti più tardi; a piè pagina lo studioso riprodusse il testo di una versione basso tedesca, ora nella Biblioteca della Scuola Superiore di Linköping, in Svezia (Codices historici, 33).

Vennero anche incluse le leggi supplementari *dei gran maestri, che non erano mai state incorporate negli* Statuti *veri e propri.*

Perlbach evitò di utilizzare la versione riveduta degli Statuti *del 1442.*

Nel 1969 Indrikis Sterns pubblicò una traduzione inglese della versione medio tedesca del 1264, come riportata da Perlbach, in una sua dissertazione inedita su The Statutes of the Teutonic Knights: a study of religious chivalry, *rintracciandone anche le origini Templari ed ospitaliere, ma anche agostiniane e domenicane e di vari decreti pontifici.*

Per quanto riguarda il testo, il più vicino alla versione medio tedesca è quella olandese, che è utile per illuminarne passi poco chiari; anche la versione basso tedesca è utile allo scopo di chiarire il testo, spesso abbastanza oscuro, mentre il testo latino del 1389 non è certo quanto sia distante dalla versione del XIII secolo, e deve esser usato con cautela.

La presente traduzione si basa sul testo medio tedesco del 1264 come riprodotto nell'edizione di Perlbach del 1890, ma si è utilizzato anche il lavoro dello Sterns.

Rispetto al testo del 1264, abbiamo omesso il Calendario, l'Indice e la parte dedicata alle preghiere delle vigilie e alle genuflessioni, meno interessanti per un pubblico non specialistico.

Rispetto all'edizione dello Sterns abbiamo anche riportato la sezione dedicata al Rituale d'ammissione del nuovo cavaliere (nell'Ordensbuch è omessa la benedizione del cavaliere, che segue il Pontificale Romano, e che è facilmente reperibile[43]; compaiono, invece le domande poste dal Capitolo dell'Ordine al neo cavaliere ed il giuramento di fedeltà di questi, peculiari dell'Ordine Teutonico e riportati negli Statuti *come* Rituale d'Ammissione) *e quella dedicata alle preghiere dell'Ordine, particolarmente perché menziona, come nel prologo, i fondatori dell'Ordine ed i primi benefattori, chiudendo volutamente l'Ordensbuch con il ricordo degli stessi personaggi con cui era iniziato, in un ciclo che si richiama alla caducità della vita umana, iniziando con la nascita dell'Ordine e chiudendosi con* Requiescant in pace. Amen. L'Alfa e l'Omega.

---

[42] Halle 1890.

[43] *La benedizione del nuovo cavaliere,* in app. a Bernardo da Chiaravalle, *L'elogio della nuova milizia* (a cura di M. Polia) Rimini 1988, pp.75 segg.

AVVERTENZA

Nelle note a piè di pagina s'è spesso citata la Regola dell'Ordine Templare[44]*: ad essa si ispira quella teutonica che è, rispetto al modello originario, molto spesso assai stringata, anche quando la cita alla lettera o quasi*[45]*. Molti argomenti piuttosto oscuri nella Regola teutonica diventano invece più comprensibili se si confrontano i due testi, con quello Templare che spesso espone più a lungo i medesimi argomenti trattati laconicamente nell'Ordensbuch, chiarendoli con citazioni bibliche etc.*

---

[44] *Regula peuperum commilitonum Christi Templique Salomonici in concilio Trecense*, in J.D. Mansi, *Sacrorum Concilium Collectio*, vol. XXVI, Venezia 1776, coll. 357-372.
[45] Quasi che, almeno in talune parti, il testo Teutonico fosse una sorta di vademecum che riassume la più approfondita Regola Templare. Viene da chiedersi se venissero consultate insieme in caso di necessità...

PROLOGO

Qui è [narrato] in che modo venne creata la Casa Teutonica.

1. Nel nome della Santissima Trinità, noi informiamo tutti coloro che ne fanno parte, e che ne entreranno a far parte, di perché, quando ed in che modo venne creato l'Ordine dell'Ospedale della Casa di Santa Maria dei Teutonici di Gerusalemme.

Nell'anno mille e cento e novanta dalla nascita di Nostro Signore, mentre la città di Acri veniva assediata dai Cristiani, e, con l'aiuto di Dio, venne ripresa dalle mani degli infedeli, in quello stesso tempo c'erano nell'esercito un gruppo di onesti borghesi di Brema e di Lubecca che, grazie alla misericordia di Nostro Signore, si impietosirono vedendo i bisogni di coloro [che si trovavano] nell'esercito e che erano [caduti] malati[46], e fondarono il summenzionato Ospedale, sotto la vela di una nave [rotonda], chiamata *Cogge*[47], sotto la quale posero con grande devozione i malati e curandoli con zelo.

Questo modesto inizio commosse il cuore del duca Federico di Svevia e di altri nobili signori, i cui nomi sono qui sotto riportati: il venerabile Patriarca di Gerusalemme, ed Enrico, re dello stesso reame, e del duca Enrico di Brabante, che era a capo dell'esercito, il Maestro dell'Ospedale di San Giovanni [48], il Maestro del Tempio[49], l'arcivescovo ed i grandi uomini dello stesso regno, per consiglio dei quali il già menzionato duca di Svevia inviò i propri messaggeri oltremare da suo fratello re Enrico, che era Imperatore[50], per domandare al pontefice, Celestino [III][51], di approvare [l'istituzione del] sunnominato Ospedale, e dare a chi curava i malati la Regola dell'Ospedale di San Giovanni, ed ai cavalieri la Regola del Tempio. E così avvenne che sia la regola di vita e i privilegi, per la misericordia del Nostro Signore e la benevolenza del Papa, vennero confermati e concessi all'Ospedale.

Ma questa regola di vita non viene garantita soltanto dagli uomini sulla terra, ma allo stesso tempo da Dio medesimo, nel Cielo.

2. Leggiamo nell'Antico Testamento che il signor Abramo, il grande patriarca, combatté per liberare suo fratello, il signor Lot, che era stato preso prigioniero, e combattendo lo liberò dalla prigione.

Al suo ritorno, Melchisedec lo incontrò [portandogli] doni, e lì lo Spirito Santo rivelò come colui che ricopra la carica più alta della Chiesa debba aver cari i cavalieri, e come debba prenderli sotto la protezione della Chiesa con benedizioni e particolare favore, e anche concedere loro indulgenze e con la conferma delle donazioni che la buona gente offre loro. Così nacque l'ordine della cavalleria dei fedeli per combattere gli infedeli.

---

[46] All'assedio di Acri l'armata crociata venne decimata dalle malattie molto più che dalle truppe ayyubidi. Va poi aggiunto che gli Ospitalieri tendevano ad aiutare e soccorre piuttosto i malati francesi ed inglesi piuttosto che i tedeschi, che spesso rimanevano abbandonati a morire senza alcun soccorso (W. Urban, *The Teutonic Knights,* a *military History*, London 2003 [tr.it Gorizia 2006, p.51])

[47] O *cog* (inglese), un tipo di nave rotonda tipica delle marinerie tedesche del Mare del Nord.

[48] Goffredo di Donjon.

[49] Roberto di Sablè..

[50] Enrico VI di Hohenstaufen *il Forte* era stato eletto imperatore alla morte di suo padre, Federico I Barbarossa, nel 1190. Enrico era re di Germania già dal 15 aprile 1169.

[51] Al secolo Giacinto Bobone Orsini (1191- 1198).

3. Quest'ordine, che simboleggia sia la cavalleria celeste che quella terrena, è il più importante, perché ha promesso di vendicare il disonore di Dio e della Sua Croce, e di combattere affinché la Terra Santa, che gli infedeli hanno sottoposto al loro dominio, ritorni ad appartenere ai cristiani. Anche San Giovanni vide una nuova cavalleria discendere dai cieli. Questa visione significa per noi che la Chiesa deve adesso avere cavalieri che abbiano giurato di distruggere con la forza i nemici della Chiesa. Oltre a ciò, c'è un'altra testimonianza che, ai tempi di Mosè e di Giosuè, che furono giudici tra gli ebrei, c'erano dei cavalieri di Dio che combatterono le battaglie che piacquero a Dio, e che, simili a leoni, sottomisero le popolazioni malvagie ed empie che si erano impadronite della Terra Santa, e li sterminarono sino all'ultimo uomo. Il signor David fu un re che Dio stesso scelse per il regno, ed anche un grande profeta; egli aveva uomini, nel suo seguito, il cui compito doveva essere di fargli, loro soltanto, da guardie del corpo e distruggere tutti coloro che minacciavano Davide. Questo fu un segno di come Nostro Signore Iddio, il quale è il Capo della Chiesa, debba avere ai nostri giorni, allo stesso modo, delle guardie. Ricordiamo anche la lotta, degna di lode e gradita a Dio, dei cavalieri chiamati Maccabei, come combatterono valorosamente, per il loro onore e la loro fede, contro i pagani che li volevano costringere a rinnegare Iddio e, con il Suo aiuto, li sconfissero e sterminarono così che ne ripulirono nuovamente la Città santa, che i pagani avevano profanato, e tornò nuovamente la pace nel paese.

4. Queste battaglie, che il santo Ordine dei cavalieri dell'Ospedale della casa di Santa Maria dei Teutonici hanno imitate con zelo, gli meritano di ricevere la grazia di [avere] molti membri pieni d'onore, che sono cavalieri e valorosi combattenti, i quali per amore dell'onore e della patria hanno sterminato i nemici della fede con mano possente. Ma gli stessi, per l'abbondanza d'amore, accolgono visitatori e pellegrini, ed il povero. Gli stessi, per la loro bontà di cuore, servono con dedizione il malato che giace nell'ospedale.

5. Tra i membri ci sono altresì dei sacerdoti, che vi hanno una parte degna ed utile, poiché in tempo di pace rilucono nel mezzo dei Fratelli laici, stimolandoli ad osservare strettamente le regole, celebrando per loro il servizio divino, ed amministrando loro i Sacramenti. Ma, quando scoppiano le ostilità, devono rincuorare i Fratelli nella battaglia, e ammonirli affinché ricordino come anche Dio abbia sofferto la morte per loro sulla Croce. Si devono egualmente prender cura del sano e dell'ammalato, e devono adempiere i propri compiti con spirito caritatevole. Molti pontefici hanno spesso guardato con occhio benevolo a questo Ordine, che s'è grandemente diffuso con vantaggio della Santa Chiesa, e l'hanno beneficato con molte donazioni e privilegi.

LA REGOLA

Questa è la Regola dei Fratelli che servono la Casa Teutonica di Santa Maria.

Sia lodata la Santissima Trinità. Qui comincia la Regola dei Fratelli dell'Ospedale della Casa di Santa Maria dei Teutonici di Gerusalemme, ed è divisa in tre parti.
La prima parte parla della castità, dell'obbedienza e del vivere senza proprietà.
La seconda parte parla degli ospedali, di come e quando debbano essere istituiti.
La terza parte parla delle regole che i Fratelli sono vincolati ad osservare.

1. Della castità, dell'obbedienza e del vivere senza proprietà, e delle relative disposizioni.

Ci sono tre voti fondamentali in ogni vita religiosa, ed essi vengono prescritti in questa Regola.
Il primo è la castità perpetua, il secondo è la rinuncia alla propria volontà, ossia l'obbedienza sino alla morte, il terzo è l'impegno alla povertà, ossia il vivere senza proprietà dopo esser entrati nell'Ordine.
Questi tre voti forgiano ed impegnano l'uomo ad agire ad immagine del nostro Signore Gesù Cristo, che fu e rimase casto nell'anima e nel corpo, e che scelse di nascere in una povertà, quando Lo avvolsero in bende fatte con vesti stracciate di lino.
La povertà Lo seguì tutta la vita ed Egli venne appeso nudo per noi sulla Croce.
Egli ci ha fornito anche il modello dell'obbedienza, poiché Egli fu ubbidiente fino alla morte a Suo Padre... Così Egli santificò in Sé stesso la santa obbedienza, quando Egli disse: "Io non sono venuto per compiere la mia volontà, ma la volontà del Padre mio, che Mi ha inviato".
Ancora, san Luca scrive che Gesù, quando lasciò Gerusalemme con Maria e Giuseppe, fu loro ubbidiente.
Su questi tre voti, castità, obbedienza e vivere senza proprietà, si basa totalmente questa Regola, che resterà inalterata, così che il Gran Maestro dell'Ordine non ha potestà di dispensare alcuno d questi tre voti, perché, se anche uno solo venisse infranto, l'intera regola verrebbe infranta.

2. Del fatto che possano avere proprietà, beni ereditari e servi in comune.

I Fratelli, a cagione delle grandi spese che derivano dai bisogni di così tanta gente, degli ospizi e dei cavalieri, dei malati e dei poveri, possono possedere, affinché siano messi in comune tra loro nel nome dell'Ordine e dei Capitoli cui appartengono, terre e campi, vigne, mulini, castelli, villaggi, parrocchie, cappelle, decime e simili cose, come sono stabilite nei loro privilegi.
Essi possono anche avere, in diritto perpetuo, gente, uomini e donne, [e] servi della gleba, maschi e femmine.
3. Della facoltà di muovere accuse e di rispondere alle accuse in giudizio.

Poiché ogni Ordine religioso che goda di privilegi ed esenzioni da parte della Sede romana è esentato dal dover rispondere davanti alle corti secolari, così, egualmente, il Santo Ordine della Casa dell'Ospedale di Santa Maria dei Teutonici di Gerusalemme è posto sotto la speciale protezione della Sede papale. Ma, perché codesta protezione non risulti in alcuna maniera contraria al diritto, decretiamo che i Fratelli che abbiano cause contro qualcuno, mantengano in ogni modo ogni [propria] facoltà e privilegio, a patto che non agiscano falsamente, con dolo e con malizia contro coloro che vengano da loro accusati o che siano chiamati da loro a giudizio.

E se saranno accusati o citati [in giudizio] non procederanno contro i propri accusatori in maniera scaltra ed ingannevole.

4. Della fondazione degli ospedali.

Poiché questo Ordine ha avuto un ospedale prima ancora di avere dei cavalieri, come appare evidente dal suo nome – a causa del quale è chiamato l'Ospedale – noi decretiamo che nella Casa principale, oppure ovunque decida il Maestro con il consiglio del capitolo, ci sia sempre un ospedale, ma [che] in ogni luogo, se qualcuno desiderasse donare alla Casa un ospedale, dotato di propri beni, il *Landmeister* della provincia, con il consiglio dei Fratelli più saggi, possa decidere se accettare o rifiutare. Nelle altre Case dell'Ordine, dove non ci sia un ospizio, nessun ospedale sarà fondato senza uno speciale ordine del Maestro insieme al consiglio dei Fratelli più saggi.

5. Come vanno accolti i malati nell'ospedale.

I malati saranno accolti nell'ospedale nel modo seguente.

Quando arriverà un malato, prima di venir messo a letto, egli confesserà i propri peccati, se ha abbastanza forze per farlo e se vi è un confessore, e riceverà la comunione se il confessore lo riterrà opportuno. Non si potrà accogliere in nessun'altra maniera nessuno che sia malato nell'ospedale.

E se [il malato] ha [con sé] dei beni di qualsiasi tipo, il Fratello che ha la responsabilità ospedale li terrà da parte dopo averne data ricevuta scritta.

Egli rassicurerà anche il malato che si prenderà gran cura del bene della sua anima, e [che] ciò che il malato ordinerà e deciderà circa i propri beni sarà eseguito per quanto possibile.

6. Come ci si prenderà cura dei malati nell'ospedale.

Quindi, dopo che il malato sia stato ammesso nell'ospedale, ci si prenderà cura di lui con diligenza, secondo quanto deciderà l'ospitaliere, che deciderà di cosa abbisogni per la sua malattia, con la prudenza di aver sempre nella Casa principale, dov'è il capo dell'Ordine, quanti medici [siano necessari] secondo i bisogni dell'Ordine ed il numero dei malati, e i malati saranno trattati compassionevolmente e curati con amore, secondo le decisioni dei medici e le circostanze della Casa, ed ogni giorno nella carità sarà dato loro del cibo prima che i Fratelli mangino; la Domenica saranno letti loro le Lettere e il Vangelo, e saranno aspersi con acqua benedetta, ed i Fratelli li visiteranno in processione.

Negli altri ospizi saranno nutriti con carità nei tempi opportuni. La Domenica saranno letti loro le Lettere ed il Vangelo, e saranno aspersi con acqua benedetta, senza processione, a meno che il *Landmeister*, a propria discrezione, ordini altrimenti.

Lasciamo alla sua discrezione, inoltre, con il consiglio di Fratelli saggi, di provvedere i suddetti ospizi di medici.

Inoltre, si deve porre grande attenzione affinché ai malati, in tutti gli ospedali, non manchi mai una luce durante la notte.

Coloro che moriranno in questi ospizi in ogni momento della giornata, prima dei Vespri, saranno seppelliti subito, se così deciderà il responsabile [dell'ospizio]. Coloro che muoiono dopo i Vespri saranno vegliati durante la notte e seppelliti dopo la *Prima*[52], a meno che il responsabile dell'ospizio non decida diversamente.

Desideriamo anche che sia strettamente osservato che, in ogni luogo dove ci sia un ospedale, il Fratello cui il Maestro, o l'incaricato del Maestro, ha conferito l'incarico dei malati, si preoccupi delle loro anime quanto dei loro corpi, e si prenda pena di servirli con umiltà e devozione. I comandanti, allo stesso modo, devono essere attenti perché ai malati non manchi nulla di cibo e delle altre cose di cui hanno bisogno, per quanto [essi] possano provvedervi.

Tuttavia, se, a causa di malagrazia o di negligenza da parte di coloro che devono assistere i malati, i malati vengono trascurati, allora i Fratelli che servono nell'ospedale dovranno renderlo noto al Maestro od al superiore, che infliggerà [ai responsabili] una punizione adeguata, secondo la gravità delle colpe.

Colui cui i malati sono stati affidati dovrà preoccuparsi di assicurare, se possibile, la presenza di servitori che pongano devozione ed umiltà nel compito di accudire i malati con compassione e fedeltà; e non lascerà impunite le gravi negligenze che gli saranno lamentate dai malati.

I comandanti ed anche gli altri Fratelli terranno a mente che, quando entrarono a far parte di questo santo Ordine per la prima volta, giurarono solennemente di servire i malati, oltre che di seguire l'ordine della Cavalleria.

7. Su come debbano essere inviati i questuanti per raccogliere le elemosine.

Poiché prendersi cura dei malati richiede molta spesa, in accordo con le concessioni e i privilegi dell'Ordine, potrà essere ordinato, giusta speciale autorizzazione del Maestro o dei comandanti provinciali, che vengano mandati collettori di offerte per i malati, che siano dei sacerdoti, scelti apposta a tale scopo, che annuncino ai laici l'indulgenza papale, e ricordino anche di venire in aiuto degli ospedali con le elemosine.

[I questuanti] devono essere di [costumi di] vita così esemplari da non allontanare, come avvenne con i figli di Eli[53], il popolo dal sacrificare a Dio e dal donare elemosine per i malati.

Allo stesso modo, costoro non dovranno essere smodati nelle proprie spese, e, come quando viaggiano nei vari paesi, quando giungano ad una Casa dell'Ordine, essi dovranno accettare con gratitudine ciò che verrà loro offerto dai Fratelli della Casa, e mostrarsene soddisfatti, e non chiedere senza moderazione.

8. Come i [Fratelli] debbano recarsi ai servizi divini, e in quale modo debbano ascoltarli.

I Fratelli, sia sacerdoti che laici, si recheranno insieme agli offici divini sia di giorno che di notte, nelle ore canoniche, ed i sacerdoti canteranno e leggeranno i servizi secondo il breviario ed i libri che son stati scritti per l'Ordine; i Fratelli laici, se presenti, o dovunque si

---

[52] La prima messa. Verso le 7,30 o comunque poco prima dell'alba.
[53] 1 Sam. 2,27-36.

trovino, reciteranno per il Mattutino[54] tredici *Pater Noster*, e durante le altre ore canoniche [diranno] sette *Pater Noster*, tranne che per il Vespro, quando ne diranno nove.

Reciteranno lo stesso numero di *Pater Noster* per le laudi della Madonna, e quando i Fratelli laici siano abbastanza colti - così che se alcuni di loro, di propria volontà o con il permesso dei superiori, desiderino recitare insieme ai sacerdoti, durante le ore canoniche o le laudi della Nostra Signora, i Salmi e le altre letture relative all'officio sacerdotale – essi saranno esentati dal [dover] recitare il *Pater Noster* come gli altri Fratelli.

Ai Fratelli, i quali svolgano degli incarichi, sarà permesso di assentarsi dagli Uffici divini, e dai pasti in comune, quando i loro compiti non permettano di assistervi.

Al Mattutino, dopo l'*Introibo* e l'inno, i Fratelli siederanno insieme, ma quando verrà letto il Vangelo ed intonate le *Laudi*, e durante le laudi della Madonna, coloro che sono sani si alzeranno in piedi, e nelle loro cappelle si alzeranno dai propri stalli piegando il capo ad ogni *Gloria Patris* in segno di rispetto verso la Santa Trinità.

E quando saranno in piedi, essi piegheranno il capo, accompagnando [questo movimento] con un decoroso chinarsi del corpo.

Allo stesso modo, dovranno badare con diligenza a non infastidire in qualche modo gli altri, bisbigliando, parlando forte, e con preghiere non previste [dall'officio], e staranno attenti con diligenza a che ciò che dicono con le proprie labbra venga dal proprio cuore, perché la preghiera è di poca utilità senza la partecipazione del cuore.

9. Quanto spesso nel corso dell'anno i Fratelli debbano ricevere i sacramenti.

Poiché Nostro Signore disse nella Scrittura: "Colui che mangerà la mia Carne e berrà il mio Sangue abiterà in Me, ed Io in lui" ed "egli non morirà", noi decretiamo che tutti i Fratelli di quest'Ordine ricevano sette volte l'anno la Santa Comunione. La prima, il giovedì prima della Pasqua, lo stesso giovedì in cui Nostro Signore Gesù Cristo istituì per la prima volta il Sacramento e diede il Suo corpo ed il Suo sangue ai Suoi discepoli, e ordinò loro di iniziare a celebrare la messa in Sua memoria; la seconda volta il giorno di Pasqua; la terza volta la domenica *in albis*; la quarta volta durante la messa [per l' Assunzione] di Nostra Signora ad Agosto; la quinta volta durante la messa di Ognissanti; la sesta volta il giorno di Natale; la settima volta il giorno della Candelora

Non è opportuno ricevere la Santa Eucarestia meno volte, perché, negli altri ordini in cui ci siano Fratelli laici, sono abituati a prenderla più frequentemente.

10. Come si deve pregare per i vivi e per i defunti.

---

[54] La giornata religiosa, pur variando tra luogo e luogo, era grossomodo così suddivisa (secondo la Regola benedettina, seguita anche dall'Ordine Teutonico:

Mattutino (o *Vigiliae*), tra le 2.30 e le 3.00 di notte;

Laudi (in origine *Matutini*) sino all'albeggiare;

Prima;

Terza;

Sesta, mezzogiorno (ora del pasto per i monaci che non debbano lavorare);

Nona, tra le 2.00 e le 3.00 pomeridiane;

Vespro, verso il tramonto (la Regola prevede di cenare al tramonto, quando ancora non sono scese le tenebre);

Compieta, un'ora prima di andare a coricarsi.

(Adattato da Edouard Schneider, *Les heures benedectines*, Paris 1925).

Per i defunti che siano già giunti di fronte al giudizio divino, e che quindi richiedono un aiuto più rapido, i Fratelli baderanno a non tardare a dar loro l'aiuto che possono.

Pertanto decretiamo che ogni Fratello sacerdote che sia presente reciti la messa per i defunti, com'è riportata nel breviario dell'Ordine, per ciascun Fratello del suo Ordine che sia appena defunto, e che i Fratelli laici recitino cento *Pater Noster* per l'anima del proprio confratello. I Fratelli che risiedono in case in cui non ci sia un convento ne reciteranno lo stesso numero.

Ogni Fratello dovrà recitare ogni giorno quindici *Pater Noster* per tutti i Fratelli di quest'Ordine che siano dipartiti da questo mondo.

Inoltre, ogni Fratello sacerdote dovrà recitare dieci messe all'anno per i peccati e la salvezza di tutti i Fratelli e sergenti, benefattori ed amici della Casa in cui risiede, e dieci messe per i defunti. I chierici che non siano sacerdoti canteranno tre salmi per i vivi, e tre per i defunti.

Ogni Fratello laico reciterà trenta *Pater Noster* al giorno, nelle ore prescritte, per i benefattori, i sergenti, e tutti gli amici dell'Ordine ancora vivi, e lo stesso numero per quelli defunti. Ma non è richiesto di recitare questi *Pater Noster* quando digiunano.

È obbligo della Casa in cui muoia un Fratello, dare ad pover'uomo l'abito migliore del Fratello defunto, e, per quaranta giorni, il cibo e le bevande che sono normalmente date ad un Fratello, così che la carità liberi dalla morte ed abbrevi le punizioni dell'anima che è dipartita in grazia [di Dio]. Nessun Fratello farà altre elemosine in nessun periodo dell'anno.

11. Come e con che cosa i Fratelli si possono vestire, e cosa possono avere per dormire.

I Fratelli di questo Ordine sono autorizzati a portare e ad usare il lino per la biancheria, per le stringhe e le calze, per lenzuola e copriletto, e per altre cose, quando è possibile. Gli abiti saranno di colore sobrio. I Fratelli cavalieri porteranno mantelli bianchi come segno d'appartenenza alla cavalleria[55], ma gli altri loro indumenti non saranno diversi da quelli degli altri Fratelli. Decretiamo che ogni fratello porti una croce nera sul mantello, sulla cappa e sulla cotta d'arme, per mostrare a tutti come egli sia un membro speciale di quest'Ordine. Le imbottiture ed i rivestimenti di pelo[56] non potranno essere di altro che di lana di pecora o di montone, ma il montone non sarà dato a nessuno, a meno che non sia chiesto espressamente.

I Fratelli avranno scarpe senza lacci, o fibbie, od anelli. Parimenti, coloro che devono occuparsi del vestiario o delle calzature baderanno a rifornire i Fratelli in modo adatto a religio-

---

[55] Sul significato del colore bianco del mantello dei cavalieri si sono date svariate interpretazioni, ma secondo noi la più attendibile è quella data nel paragrafo 20 della Regola Templare che spiega il significato del colore bianco, ripreso poi anche dai Teutonici:
Se è possibile, concediamo vesti bianche, cosicché coloro che avranno abbandonata una vita tenebrosa, riconoscano di doversi riconciliare con il loro Creatore, mediante una vita trasparente e bianca. Che cosa di bianco, se non l'integra castità? La castità è sicurezza della mente, e sanità del corpo. Infatti ogni cavaliere, se non sarà preservato nella castità, non potrà raggiungere la pace perpetua e vedere Dio; come attesta l'apostolo San Paolo: Seguiamo la pace con tutti e la castità, senza cui nessuno vedrà il Signore.
[56] L'uso di pellicce era proibito negli Ordini militari, essendo considerato mondano; tuttavia nel caso dei Teutonici, che avevano il proprio massimo impegno crociato in Prussia ed in Livonia, l'aver abiti rivestiti od imbottiti di lana era fondamentale per buona parte dell'anno. Si confronti con il par. 23 della regola Templare:
Abbiamo decretato con unanime decisione che nessuno dei Fratelli possieda pelli, pellicce o generi siffatti che non siano di agnello o di ariete [...].
Il lino, il cui uso è sottolineato diverse volte, era usato soprattutto dai Fratelli di stanza in oriente (cfr. la Regola del Tempio: *A causa del calore eccessivo delle terre d'Oriente curiamo con misericordia che a ciascuno sia data una camicia di lino dalla Pasqua fino alla solennità di Tutti i Santi* [Reg. Templ., § 69]).

si e consono alle usanze, in modo che ciascuno abbia [indumenti] della giusta misura, né troppo lunghi, né troppo corti, né troppo stretti, né troppo larghi, e che ciascuno possa indossare e togliere indumenti e scarpe senza aiuto[57].

Per quanto riguarda il letto, ogni Fratello si contenterà di un materasso, di una coperta, di un lenzuolo, di un copriletto di lino o di tela e di un cuscino, a meno che colui che è incaricato di [custodire] queste cose decida di dare più o meno.

È stabilito che quando vengono distribuiti nuovi capi, quelli vecchi vengano restituiti, così che colui nelle cui mani i vestiti siano consegnati li distribuisca ai servitori ed ai poveri[58].

Ma se avvenisse che, Dio ne scampi! un Fratello illegittimamente insista nell'indossare cotte d'arme[59] o nel vestirsi o cose simili con capi più belli o migliori di quelli distribuitigli, allora si merita di ricevere i peggiori[60]. Infatti, ciò prova quanto egli sia nudo nelle vesti del cuore e delle virtù interiori, da perder tempo così tanto con gli altri bisogni del corpo.

Infatti, i chierici che vivono nel mondo devono mostrare il loro esser religiosi con i loro abiti, così ancor più tutti quelli che sono nell'Ordine devono usare vestiti particolari.

12. Di come debbano tagliarsi i capelli i fratelli sacerdoti ed i fratelli laici.

Tutti i Fratelli avranno i capelli tagliati in modo regolare secondo il costume del clero, così che possano venir riconosciuti sia da davanti che da dietro come religiosi.

Per quanto riguarda la barba ed i baffi, ci si prenderà cura che non siano né troppo corti né troppo abbondanti.

I Fratelli chierici avranno la tonsura non troppo piccola, com'è abitudine per gli appartenenti agli ordini, e, dato che devono recitare la messa, si raderanno la barba.[61]

---

[57] Di nuovo una citazione, quasi alla lettera, della Regola del Tempio (dal già citato paragrafo 20), che aiuta a comprendere pienamente il senso del vestirsi e spogliarsi da soli:
Ma perché [la vita del cavaliere] *sia di questo stile* [casto ed umile, egli] *deve essere privo della vecchia arroganza e del superfluo; comandiamo a tutti che abbiano tali cose affinché ciascuno da solo sia capace senza clamore di vestirsi e svestirsi, mettersi i calzari e levarseli.*

[58] Anche qui è evidente l'ispirazione della Regola Templare (§23):
Il procuratore od il fratello addetto al guardaroba provvedano a distribuire con cura ed equità gli indumenti usati tra gli scudieri, i servi ed ogni tanto ne facciano distribuzione ai poveri.

[59] L'estensore intende probabilmente riferirsi all'indossare il proprio stemma araldico sulla cotta d'arme, anziché la sola croce nera.

[60] Ancora una volta, il modello è la Regola Templare: *Se qualcuno dei Fratelli volesse avere indumenti migliori o belli per superbia, o come se gli fossero dovuti, abbia i peggiori* (§ 86).

[61] Questa parte si ispira al paragrafo 28 della Regola dei Templari; come scrive Bernardo da Chiaravalle, *tagliano corti i capelli, sapendo che, come dice l'Apostolo "è vergognoso per un uomo curarsi la chioma"* (I Cor.,11,4). *Non si acconciano mai, si lavano di rado, ma sono piuttosto irsuti per la capigliatura negletta, bruttati di polvere, abbronzati dall'armatura e dal forte calore* (B. da Chiaravalle, *L'elogio della nuova cavalleria*, a cura di M. Polia, Rimini 1988, IV, 7)

13. Quando e come i Fratelli dovranno mangiare.

Quando i Fratelli si radunano per i pasti, i sacerdoti renderanno grazie, ed i Fratelli un *Pater Noster* ed una *Ave Maria*, e tutti prenderanno ciò che è stato dato dalla grazia di Dio e dalla casa.

Tre giorni, domenica, martedì e giovedì, ai Fratelli di quest'ordine è consentito di mangiare carne; gli altri tre giorni mangeranno formaggio e uova, e il venerdì mangeranno pesce[62]; tuttavia potranno mangiar carne ogni giorno in cui cadrà il Natale, anche se cada di venerdì, a causa della gioia del santo evento. A tutti i Fratelli verrà dato lo stesso cibo, distribuito equamente secondo il ruolo, il luogo e la necessità del fratello, e fra i Fratelli sarà data maggior attenzione ai bisogni di ognuno piuttosto che al rango. Per il bisogno di ciascuno non si toglierà nulla ad un altro, ma si dividerà secondo bisogno.

Inoltre non si desidererà per sé ciò che viene dato per carità agli altri che ne hanno bisogno.

Colui che ha minor bisogno ringrazi Dio, e colui che ha più bisogno, a causa della debolezza, si umili, e quando riceve di più a causa della debolezza, non s'inorgoglisca per esser stato trattato secondo carità, così tutti i membri vivranno in pace.

Ammoniamo che l'astinenza speciale, che differisce da quello generale, sia evitato[63]. Nelle proprie Case i Fratelli mangeranno insieme, a due a due[64], eccetto che per i piatti di verdure, e bevano separatamente. Infine, in tutte le Case dove ci sia un convento di Fratelli, ossia un Maestro e dodici Fratelli, come il numero dei discepoli di Nostro signore Gesù Cristo, verrà osservata l'abitudine di leggere [le Scritture] a tavola, e tutti quelli che mangeranno ascolteranno in silenzio, così che non sia nutrita solo la bocca, ma anche le orecchie, affamate della Parola di Dio.

Però, quelli a tavola, in caso di necessità, potranno parlare a bassa voce e con poche parole con coloro che li servono, o con coloro con cui debbano risolvere piccole questioni.

I servi e quelli che mangiano nella seconda tavola del convento[65] e i Fratelli nelle case minori dove non c'è lettura, si impegneranno a mantenere il silenzio per quanto lo consenta la gestione della casa, a meno che il superiore, a causa della presenza di visitatori, non autorizzi a parlare.

I Fratelli non s'alzeranno da tavola finché non abbiano finito il loro pasto, a meno che non sia assolutamente necessario, dopo di che devono ritornare e finire il proprio pasto. Quando il pasto sarà terminato, i sacerdoti reciteranno la preghiera di ringraziamento ed i Fra-

---

[62] Cfr. la Regola Templare (§10):
Durante la settimana vi basti mangiare carne tre volte [...] perché il frequente uso della carne produce grave corruzione del corpo [...]
Vedi anche il § 12: *Negli altri giorni - lunedì, mercoledì, sabato - a tutti basteranno due o tre piatti di legumi o portate di altro cibo [...].*

[63] Eccessivi digiuni avrebbero indebolito troppo un cavaliere, che doveva essere al massimo del vigore fisico, soprattutto in climi estremi come il deserto palestinese o le pianure del Baltico d'inverno: cfr. la Regola Templare, § 19: *proibiamo ad ognuno di digiunare smodatamente.*

[64] Ancora una volta il modello è la Regola del Tempio, §11:
È bene che i Fratelli di solito mangino due a due per la scarsità di piatti, in modo che ciascuno si prenda cura dell'altro con sollecitudine, affinché un'eccessiva disciplina o astinenza non autorizzata non vengano praticate abitualmente a pranzo.

[65] I sergenti. I Teutonici mangiavano in tre tavole, una per i dignitari ed i cavalieri, una per i sergenti ed una per i servi.

telli laici due *Pater Noster* e due *Ave Maria*, ed in ogni casa si dirigeranno in chiesa, o ovunque deciderà il superiore, in modo ordinato.

Le fette di pane intere verranno tenute, ma il resto verrà dato come elemosina.

14. *Delle elemosine e della decima sul pane.*

È un benefico decreto di questo Ordine che, in tutte le case dove vi siano chiese o cappelle, la decima parte di tutto il pane cotto nei forni delle case sia data ai poveri, o che, al posto della decima parte del pane, tre volte a settimana siano distribuite normali elemosine[66].

15. *Del digiuno dei Fratelli.*

I Fratelli dovranno mangiare di magro dalla domenica prima del giorno di San Martino fino al Natale, e dalla domenica sette settimane prima di Pasqua fino al giorno di Pasqua, eccetto le domeniche, e ancora la vigilia dell'Epifania, e la vigilia della Purificazione di Nostra Signora, la vigila di San Matteo, i venerdì dal giorno di Tutti i Santi fino a Pasqua, ed il giorno di San Marco, a meno che non cada di domenica, e nei tre giorni della Passione, e alla vigilia di Pentecoste, e alla vigilia di San Giovanni Battista, e dei Santi Pietro e Paolo, e di San Lorenzo, e la vigila dell'Assunzione a metà agosto, il giorno di San Bartolomeo,e la vigilia della Nascita di Nostra Signora, ed i giorni di San Matteo, di San Simone, di San Giuda, alla vigilia di Tutti i Santi, di Sant'Andrea, di San Tommaso, e durante tutte le Quattro Tempora[67], a meno che l'infermità od altre necessità richiedano altrimenti; e se le vigilie cadono di domenica, allora si digiunerà il sabato. I venerdì, da Pasqua sino a Tutti i Santi, i Fratelli potranno mangiare di magro due volte al giorno, a meno che, per paura di uno scandalo per la gente, il *Landmeister*, appoggiato dalla maggioranza del Capitolo, consigli diversamente.

16. *Della bevanda serale.*

Ogni giorno di digiuno ci sarà un leggero convivio; negli altri giorni, quando essi mangiano due volte, non ne avranno nessuno, a meno che ricevano una speciale autorizzazione dai superiori. Nei giorni in cui vi è il convivio leggero[68], i Fratelli, dopo i Vespri, prima di

---

[66] La decima sul pane secondo la regola Templare veniva data non ai poveri ma all'elemosiniere (§15):
La decima del pane sia sempre data all'elemosiniere
Benché il premio della povertà che è il regno dei cieli senza dubbio spetti ai poveri: a voi tuttavia, [...] comandiamo che quotidianamente consegniate al vostro elemosiniere il decimo del pane.

[67] Nel Calendario liturgico, le Quattro Tempora sono quattro distinti periodi di tre giorni – mercoledì, venerdì e sabato – destinati alla preghiera ed al digiuno, distribuiti durante il corso dell'anno, fra la terza e quarta domenica d'Avvento, la prima e la seconda domenica di Quaresima, fra la Pentecoste e la festa della SS. Trinità, e la settimana seguente all'Esaltazione della Croce (14 settembre).

[68] Composto da sole bevande. Dalla regola Templare (paragrafo 16) sappiamo trattarsi di acqua, o a discrezione del Maestro, di vino allungato con l'acqua:
Quando il sole abbandona la regione orientale e discende nel sonno, udito il segnale, come è consuetudine di quella regione, è necessario che tutti voi vi rechiate a Compieta, ma prima desideriamo che assumiate un convivio generale.
Questo convivio poniamo nella disposizione e nella discrezione del maestro, perché quando voglia sia composto di acqua; quando con benevolenza comanderà, di vino opportunamente diluito. Questo non è necessario che conduca a grande sazietà o avvenga nel lusso, ma sia parco; infatti vediamo apostatare [a causa del vino] anche i sapienti.

Compieta, si raduneranno per il convivio, e, rendendo grazie a Dio, prenderanno la bevanda che gli viene offerta; e, come negli altri ordini nei quali il rinfresco viene bevuto durante la notte, viene tenuta la lettura [delle sacre Scritture] che tutti ascoltano in silenzio, noi ammoniamo i Fratelli ad esser silenziosi durante il rinfresco, o di parlare solo di argomenti onesti, senza far chiacchiere.

Appena essi udranno il segnale, si recheranno a Compieta.

17. Come e quando i Fratelli dormiranno.

Tutti i Fratelli sani, se ciò è possibile, dormiranno insieme in una sala, a meno che i superiori non ordino che alcuni Fratelli, a causa dei loro compiti ufficiali, o per qualche altro motivo, dormano altrove; e quando dormiranno, lo faranno indossando la propria camicia, con le brache e le calze indosso, com'è costume per i religiosi.

Dormiranno appartati solo se sarà assolutamente necessario.

Nei luoghi dove solitamente dormono i Fratelli, si lascerà una luce accesa durante la notte.

18. Come i Fratelli dovranno mantenere il silenzio.

Dopo Compieta, i Fratelli dovranno mantenere il silenzio sino al Mattutino del giorno successivo, tranne che se debbano rivolgersi ai loro servitori o a qualcun altro per ragioni di servizio, o per la cura del proprio cavallo, delle proprie armi o per altre cose che gli vengano ordinate di fare; per [eseguire] questi compiti, essi sceglieranno il momento più adatto, e lo faranno nella maniera più silenziosa e rapida che sia possibile. Si faranno tuttavia eccezioni per le emergenze, quali furti ed incendi; e chiunque debba rompere il silenzio a causa di questi eventi dovrà poi recitare un *Pater Noster* ed un'*Ave Maria* prima di coricarsi.

19. Nessun Fratello, tranne quelli che ricoprono uffici, potrà avere un sigillo.

Noi decretiamo anche che nessun Fratello, tranne quelli cui siano affidati degli uffici, potrà avere un sigillo od inviare lettere, o leggere lettere inviategli da chiunque, senza ricevere il permesso dal superiore, davanti al quale, se così gli piacerà, sarà data lettura della lettera che è stata ricevuta o che deve essere inviata.

20. In che modo sia permesso ai Fratelli dare, ricevere e scambiare oggetti.

I Fratelli possono scambiare o dar via gli oggetti, tranne le cose che un fratello od un superiore ha affidato loro, e che non possono essere scambiate o cedute senza l'autorizzazione del Maestro; allo stesso modo nessun fratello, esclusi i dignitari, potrà accettare doni da usare personalmente senza l'autorizzazione del superiore, il quale ha anche la facoltà di decidere secondo la propria volontà se il fratello possa tenere il regalo o darlo a qualcun altro.

21. Di come non possano avere chiavi.

Dato che i religiosi devono in tutte le maniere evitare di possedere qualcosa, decretiamo che i Fratelli che vivano nelle Case religiose non abbiano chiavi né lucchetti per le sacche, e

---

È molto probabile che anche per i Teutonici le bevande fossero le medesime.

le scatole, e gli scrigni e gli altri oggetti che possano essere chiusi a chiave. Sono esentati i Fratelli che siano in viaggio, o quelli che ricoprano incarichi, i cui compiti richiedano questo genere di cose per il bene comune della Casa.

22. Di ciò che riguarda i cavalieri.

Dal momento che quest'Ordine venne fondato soprattutto per i cavalieri che combattono i nemici della Croce e della fede, e poiché il nemico combatte e si comporta in maniera diversa in terre diverse, e quindi è necessario opporsi al nemico con armi differenti e in modi diversi, così lasciamo al superiore [di grado] tra i Fratelli il [compito] di decidere riguardo ai cavalieri, ai cavalli, alle armi, ai sergenti ed alle altre cose pertinenti e permesse ai Fratelli per combattere, che egli ordini e decida riguardo le cose summenzionate con il consiglio dei Fratelli più saggi della provincia in cui si combatte la guerra[69], o con quelli che sono presenti, se egli non può rimandare [le proprie decisioni] senza danneggiare gli altri Fratelli. Ad ogni modo andrà osservata in modo coscienzioso la regola che selle e briglie e scudi non saranno inutilmente dipinti con oro o argento, o altri colori mondani[70]. Lance, scudi e selle non saranno rivestiti [di velluto][71], ma le lance brillanti verranno coperte con una guaina per farle mantenere affilate e ferire il nemico[72].
Inoltre se il maestro od i Fratelli che ne abbiano ricevuta facoltà dal Maestro, danno od affittano ad altri bestie od armi od altre cose che erano state affidate temporaneamente ai Fratelli esclusivamente per uso personale, il fratello al quale vennero affidate queste cose non dovrà obbiettare i nessun modo, visto che non c'è da pensare che possa desiderare di tenere per sé le cose che gli vengono affidate solo temporaneamente.
E ancora decretiamo che nessun fratello cerchi di avere un'arma o un animale come esclusivamente suo.
Se capita che un fratello abbia ricevuto o riceva qualcosa che non è adatto all'uso, egli informerà con umiltà e discrezione l'ufficiale incaricato dei difetti, e s'affiderà alla sua discrezione, comportandosi e facendo ciò che gli verrà ordinato.

23. Sulla caccia.

I Fratelli non parteciperanno alla caccia come si svolge normalmente, con grida, segugi e falconi ed esche. Ma se si trovano o giungano in qualche regione dove vi siano terre fittamente coperte di boschi, in cui possano cacciare ed esercitarsi con grande profitto[73], allora

---

[69] All'epoca del Concilio di Venezia, quando vennero redatti i presenti Statuti, le *province di combattimento* erano tre: Oltremare (*Syrie*), Prussia e Livonia. Dal 1291 in poi si ridussero alle ultime due, con una presenza stimata di tremila cavalieri in Prussia e cinquecento in Livonia.
[70] Più che riferirse all'oro ed all'argento intesi letteralmente, la regola inibisce l'uso di colori araldici diversi da quelli dell'Ordine.
[71] Riprende il paragrafo 38 della Regola del Tempio:
Non si abbia una copertura sopra gli scudi e le aste, perché secondo noi questo non è proficuo, anzi dannoso.
[72] Forse anche per evitare che lo scintillio del metallo rivelasse al nemico la presenza di armati?
[73] La caccia consentiva al cavaliere un costante esercizio e pratica nell'equitazione, oltre a favorire la conoscenza dei luoghi. Bisogna ricordare come in Prussia ed in Livonia durante l'inverno, quando la caduta delle foglie migliorava la visibilità ed il gelo permetteva il passaggio dei numerosi torrenti, i Teutonici si dedicavano a vere e proprie cacce all'uomo contro i pagani.

sono autorizzati a cacciare con altri Fratelli, che possono servire di scorta e protezione contro i malvagi [pagani][74].

Ma essi non cavalcheranno per campi e per boschi con frecce ed altre armi ad inseguire gli animali selvaggi. Invece li autorizziamo a cacciare lupi, linci, orsi e leoni[75] senza usare segugi, e distruggerli, non per passatempo ma per il bene comune. Allo stesso tempo, i Fratelli potranno cacciare gli uccelli per esercitarsi nel tiro ed aumentare la propria abilità.

24. Come ci si occupa dei Fratelli malati.

Dal momento che i malati sono meritevoli di un'attenzione e di una cura speciali, vogliamo che sia posta ogni preoccupazione affinché coloro che sono previdenti e devoti si prendano cura dei Fratelli malati; e che con fedele diligenza si preoccupino di ogni loro necessità e seguano i consigli di un medico, se si può trovarne uno.

25. I Fratelli vecchi ed infermi.

I Fratelli anziani e quelli infermi saranno curati caritatevolmente a seconda della loro infermità; verranno trattati con pazienza e onorati con diligenza; nessuno sarà più pietoso verso le necessità fisiche di colui che si comporta con onore e pietà.

26. Di come i Fratelli debbano vivere amichevolmente e fraternamente.

Tutti i Fratelli devono comportarsi verso gli altri così che la concordia amichevole in nome della fratellanza non si muti in durezza di cuore, ma si devono preoccupare di vivere ciascuno con gli altri nell'amore fraterno, armoniosamente ed amichevolmente, nello spirito di cortesia, così che ognuno ben a ragione possa dir di loro com'è bello e piacevole per i Fratelli abitare insieme nell'unità, ossia armoniosamente! Porti ciascuno, meglio che può, il fardello dell'altro, secondo quanto dice l'Apostolo di amarsi l'un l'altro con diligenza[76].

Dalla bocca di un fratello non dovrà uscire nessun discorso maligno, nessuna calunnia, nessuna vanagloria di vecchie azioni, nessuna menzogna, nessuna maledizione od ingiuria, nessuna contesa o parole sciocche. Ma, se capita qualche volta che qualcuno dei Fratelli offenda un altro con parole o comportamenti, si cerchi senza ritardo la riconciliazione, e non si sia lenti nel curare con parole immediate le ferite nel cuore dell'altro, lì dov'è stato ferito con parole od azioni: come ci ammonisce l'Apostolo quando dice che il sole non tramonti

---

[74] Si allude soprattutto alle imboscate da parte dei baltici, oltre che alle pattuglie di musulmani che in Terra Santa compivano incursioni contro gruppi isolati di crociati e pellegrini.

[75] La regola Templare proibiva la caccia come occupazione frivola, ed autorizzava solo la caccia al leone; i Teutonici aggiunsero gli animali più pericolosi delle foreste del Nord. La caccia aveva anche un valore simbolico, in quanto nel bestiario medievale questi animali simboleggiavano il male (la regola Templare cita 1 Pietro 5,8):

il vostro nemico, il diavolo, come leone ruggente va in giro, cercando chi divorare: cfr M. Barber, *The New Knighthood. A History of the Order of Temple*, Cambridge 1994, tr. It. Casale Monferrato 2005, p.238) ed i peccati capitali, e non solo (si pensi al canto I, 31 segg. della Divina Commedia, in cui Dante incontra nella Selva Oscura il leone, la lupa e la lince, *una lonza leggera e presta molto*, tre dei quattro animali che i Teutonici possono cacciare)

[76] Gal., 6,2. Questo passo è ancora di ispirazione Templare: la citazione di Paolo viene fatta anche da Bernardo da Chiaravalle nel *De Laude novae Militiae*, IV, 7, che scrive dei Templari: *vicendevolmente portano il loro fardello, per compiere la legge di Cristo* (Bernardo da Chiaravalle, *Elogio*, cit., p.22).

sulla nostra ira, ossia che non si lasci passare la notte, e soprattutto come ci ammonisce Nostro Signore Gesù Cristo nel Vangelo, dove Egli afferma: "Quando porti un'offerta all'altare e ti ricordi che tuo fratello ha ragioni di astio verso di te, togli l'offerta dall'altare, e vatti prima a riconciliare con tuo fratello, e solo allora torna e presenta la tua offerta".

27. Di come i Fratelli si recheranno insieme al Consiglio.

Il Maestro di quest'Ordine, od i suoi delegati, potrà convocare insieme nella sede [dell'Ordine[77]] tutti i Fratelli ogni volta che desideri occuparsi o prendere decisioni su argomenti che riguardino l'intero Ordine, come continuare o cambiare e circa l'alienazione di terre o di piccole parti di possedimenti, [decisioni che] per essere eseguite devono venir ratificate dal Maestro e dal Capitolo, ed anche a proposito dell'ingresso di nuovi Fratelli nell'Ordine; e quando i Fratelli più saggi avranno deciso dopo la discussione, il Maestro od i suoi delegati provvederanno a rendere effettivo [quanto deciso].
La parte più saggia [dei Fratelli] in caso di disaccordo si affiderà alla decisione del Maestro o dei suoi delegati, e di conseguenza, la pietà, e la discrezione, e l'esperienza, e la buona reputazione avranno un maggior peso che la sola maggioranza dei Fratelli.
Altri argomenti minori potranno essere affrontati con i soli Fratelli più saggi che si trovino [già] sul posto. Su alcune materie di minore importanza essi potranno decidere personalmente.
Se accadesse che qualche affare urgente che riguardi la Casa e l'Ordine debba venir discusso dopo Compieta anziché in un altro momento, dovranno essere evitate parole sciocche e parole che muovano al riso. Coloro che siano presenti a questo Consiglio reciteranno un *Pater Noster* ed un'Ave *Maria* prima di coricarsi.

28. I Fratelli dovranno essere di buon esempio per la gente.

Ogni volta che i Fratelli siano in viaggio, o stiano andando ad affrontare il nemico, od a svolgere qualsiasi altro compito, poiché essi mostrano apertamente tramite la Croce il segno della mansuetudine e dell'Ordine, dovranno cercare di mostrare alla gente, con le buone azioni e con parole adatte, come Dio sia con loro e dentro di loro. Se si troveranno per strada dopo Compieta o prima della Prima messa, parleranno di argomenti necessari ed onesti, evitando di parlare se si trovino in un ospizio dopo che sia stata recitata la Compieta, eccetto per quando prescritto più sopra.
Dovranno evitare le locande ed i luoghi che sappiano essere di cattiva reputazione; ancora, dovranno tenere un lume acceso per la notte nei luoghi dove alloggino, se ciò può esser fatto senza grosse difficoltà, così che nessuna insidia possa giungere alla loro buona reputazione od ai loro effetti personali. Quando viaggeranno di luogo in luogo, lungo la strada dovranno attendere ai servizi divini ed alle preghiere ovunque si trovino, ed al loro ritorno alla Casa, potranno essere scusati, a causa della stanchezza data dalle armi e dal cammino, [se dormiranno] nella mattina dal Mattutino alle Ore[78]; verranno scusati non solo coloro

---

[77] All'epoca della stesura della *Regola* Montfort, in Terra Santa, sino al 1271, quindi S. Giovanni D'Acri, dove restarono fino a quando cadde nelle mani di En Nassyr Muhammed, sultano mamelucco d'Egitto, nel 1291, trasferendosi prima a Venezia, e poi, dal 1309 Marienburg.
[78] Il riposo per i cavalieri stanchi era previsto anche nella Regola Templare (§18), che approfondisce il motivo dell'esenzione:

che sono provati dal viaggio, ma anche coloro che sono impiegati in compiti necessari per la Casa.

I Fratelli assisteranno raramente a matrimoni e raduni di cavalieri, ed altri frivoli divertimenti, attraverso i quali, tramite l'orgoglio mondano, si serve il demonio, sebbene possano parteciparvi per le necessità dell'Ordine o per conquistare anime.

I Fratelli dovranno evitare di parlare con donne in luoghi sospetti ed in tempi sospetti, e soprattutto, con le vergini, e di baciare le donne, che è un segno manifesto di mancanza di castità e di amore terreno, così che è ugualmente proibito anche di baciare le proprie madri e le proprie sorelle[79].

Nessun fratello avrà rapporti con gli scomunicati, o con coloro che siano stati pubblicamente messi al bando, per affari non autorizzati per l'occasione [dall'Ordine].

Allo stesso modo, nessun Fratello potrà fare da padrino, eccetto in un'emergenza mortale.

29. Del noviziato di coloro che desiderano entrare nell'Ordine.

Colui che voglia essere ricevuto in questa onorevole fraternità dovrà superare un periodo adeguato di noviziato, così che possa imparare la durezza che soffrirà nell'Ordine, ed i Fratelli dovranno scoprire il suo carattere, ed a meno che non superi il noviziato, e colui che l'ha indirizzato [all'Ordine] sia d'accordo, egli potrà allora far professione di completa obbedienza. Allora il superiore, se è presente, o un prete, gli darà il mantello con la Croce, che viene benedetto con le usuali benedizioni e asperso con acqua benedetta, perché [già] indossa l'abito di quest'Ordine con la Croce, e altrimenti nessun altro abito distingue il novizio dal professo[80].

30. Come i fanciulli possano essere ricevuti nell'Ordine.

Noi stabiliamo egualmente che nessun bambino possa vestire l'abito od entrare in questo Ordine prima di aver raggiunto il suo quattordicesimo anno d'età.

Ma se avviene che il padre, o madre, o tutori portino un fanciullo all'Ordine prima del suo quattordicesimo anno, o se il fanciullo giunga di propria volontà, egli, se i Fratelli decidono di accoglierlo, sarà ben cresciuto sino all'età prescritta, ed allora, se lui ed i Fratelli acconsentiranno, potrà essere ricevuto nell'Ordine in modo normale[81].

Non approviamo che i cavalieri stanchi si alzino per i Mattutini, come è a voi evidente: ma con l'approvazione del maestro, o di colui al quale fu conferito dal maestro, riteniamo unanimemente che essi debbano riposare e cantare le tredici orazioni costituite, in modo che la loro mente concordi con la voce, secondo quanto detto dal profeta: Salmeggiate al Signore con sapienza: *e ancora:* Al cospetto degli angeli salmeggerò a te.
Ma questo deve dipendere dal consiglio del maestro.

[79] Anche questa parte della Regola richiama quella Templare (§ 72):
…un fratello non osi baciare né una vedova, né una nubile, né la madre, né la sorella, né un'amica, né nessuna altra donna. Fugga dunque la milizia di Cristo i baci femminili, attraverso i quali gli uomini spesso sono in pericolo: così con coscienza pura e vita libera può perennemente conversare al cospetto del Signore.

[80] Il senso è che i professi ed i novizi indossavano lo stesso abito con la croce nera cucita sulla spalla, ma solo i professi avevano il diritto di indossare anche il mantello bianco.

[81] Si confronti con la Regola Templare, par. 62, simile ma più restrittiva:
I fanciulli, fin quando sono piccoli, non siano ricevuti tra i Fratelli del Tempio. Quantunque la Regola dei Santi Padri permetta di avere dei fanciulli in una congregazione, noi non riteniamo di dover caricare voi di tale peso. Chi volesse dare in perpetuo suo figlio, o un suo congiunto, nella religione militare: lo nutra fino agli anni, in cui virilmente con mano armata possa eliminare dalla Terra Santa i nemici di Cristo: in seguito se-

31. Come le donne possano essere prese al servizio della casa.

Inoltre noi decretiamo che nessuna donna venga ammessa in pieno servizio e come seguace dell'Ordine, perché avviene spesso che il più intrepido coraggio sia indebolito in modo nefasto dalla familiarità con le donne. Ma, poiché vi sono alcuni servizi per i malati negli ospedali, ed anche i lavori domestici, che vengono eseguiti meglio dalle donne che dagli uomini, quindi sarà permesso di ammettere donne come sorelle per questo tipo di servizio. In ogni caso, saranno ammesse solo con il permesso del *Landmeister*, e, dopo l'ammissione, saranno alloggiate a parte rispetto agli alloggi dei Fratelli, perché la castità dei Fratelli professi che abitino con donne, anche se è tenuta accesa una luce, non è mai sicura, e [è una situazione che] non può durare a lungo senza scandalo.

32. Come ammettere i coniugati al servizio della casa.

Poiché l'Ordine può aver bisogno di un maggior numero di persone, noi permettiamo di accettare in questo Ordine, come servitori, di laici, sposati o celibi, che sottopongano i propri corpi e le proprie proprietà all'autorità dei Fratelli; inoltre, la loro vita, com'è evidente, deve essere onesta, ed essi dovranno non solo evitare i peccati manifesti, ma anche non perseguiranno guadagni non leciti ed il commercio. Indosseranno abiti di foggia religiosa, ma senza la croce intera[82]. E se sono sposati, ed uno [dei coniugi] muore, metà delle proprietà del defunto andrà all'Ordine, e l'altra metà al sopravvissuto sino alla sua morte; e dopo la morte di questi tutta la proprietà diverrà dell'Ordine. Inoltre, ogni cosa che acquistino dopo esser stati accolti nell'Ordine diverrà della Casa.
Viene anche decretato che, a volontà e discrezione del commendatore della provincia, alcune persone possano esser ricevute [nell'Ordine], se egli lo reputi utile.

33. Come accogliere coloro che vogliono servire per carità e per la paga.

Noi decretiamo che, se qualcuno desidera servire i Fratelli per carità[83] o per la paga, poiché è difficile fare una regola specifica su come ciascuno debba venir accolto, sia lasciata alla discrezione dell'ufficiale incaricato di accogliere i postulanti, di volta in volta e secondo il luogo: e ancora che nessun Fratello batta qualche servitore, che serva la Casa per carità o per la paga, fatta eccezione per coloro che detengono uffici, che di volta in volta possono castigare i propri subordinati per correggerli, come è consuetudine.
Inoltre, se avviene che un cavaliere, o qualcuno di famiglia nobile, si unisca ai Fratelli per servire in armi come atto di carità, e muoia, allora ogni fratello presente reciterà trenta *Pater Noster* per la sua anima, e si darà ai poveri tanto cibo quanto è consuetudine darne ad un fratello, per sette giorni.

34. Della cura del Gran Maestro per i Fratelli.

Nell'Arca erano riposti tanto la verga che la manna, ciò che significa per noi che i giudici debbano essere entrambe le cose, sia misericordiosamente portato alla clemenza, sia giustamente portato alla severità. Pertanto, il Maestro che è al di sopra di tutti gli altri, dovrà

---

condo la Regola il padre o i genitori lo pongano in mezzo ai Fratelli, e rendano nota la sua richiesta. E' meglio nella fanciullezza non giurare, piuttosto che diventato uomo ritirarsi in modo clamoroso.
[82] Portavano, come i sergenti, la croce a tau, T.
[83] Come scioglimento di un voto.

dare, egli stesso, un esempio di buon operare a tutti i Fratelli, punirà i turbolenti e accoglierà i malati, e conforterà gli scoraggiati, e sarà gentile e paziente con tutti, e porterà nelle sue mani la verga ed il bastone, secondo le parole del Profeta, la verga dell'attenzione, con la quale, guardando nottetempo il suo gregge,egli gentilmente libererà il pigro dal sonno mortifero della pigrizia e dal trascurare le sacre osservanze, diligentemente e con giustizia castigherà ogni disobbedienza; il bastone sarà [il simbolo del]la cura paterna e della compassione con cui sosterrà i fragili e rafforzerà coloro che son deboli di cuore e abbattuti dal dolore, così che loro, riconfortati, non vengano distrutti dalla disperazione.

35. Come [i Fratelli] si dovranno ammonire e si dovranno accusare a vicenda.

Se avvenga che un Fratello giunga a conoscenza di peccati segreti di un altro fratello, egli, gentilmente e in modo realmente fraterno, lo persuaderà a pentirsi ed a confessare le sue colpe. Ma se costui ha compiuto qualcosa apertamente contro la salvezza della propria anima o contro l'onore della Casa che non possa essere ignorato, lo si ammonisca e compaia davanti al Maestro ed ai fratelli, ed umilmente chieda perdono.
Ma se non lo farà, e venga accusato da più testimoni davanti al Maestro ed ai Fratelli, allora è giusto che soffra le pene più severe.

36. Come i fratelli debbono fare ammenda per le proprie colpe.

Se un Fratello, con parole o azioni o in altro modo commette una colpa trascurabile, egli deve rivelarla al suo superiore, per farne volontaria ammenda.
Per una colpa piccola, sarà inflitta una piccola punizione, a meno che si ripeta così spesso la piccola colpa da render giusto incrementare ed indurire la punizione.
Se avviene che una colpa che si tenti di nascondere venga scoperta da qualcuno, si verrà giustamente puniti più duramente. Se la colpa è grave, lo [il colpevole] si separerà dalla comunità dei Fratelli e non mangerà con loro alla stessa tavola, ma siederà appartato. Dovrà essere totalmente sottomesso alla volontà ed agli ordini del Maestro e dei fratelli, così che possa esser almeno salvo il Giorno del Giudizio[84].
37. Della vigile attenzione del Maestro.

Il Maestro ha il potere di dispensare da[ll'osservanza di] tutti i precetti della Regola sopra menzionati, eccetto che per tre – castità, povertà, ed obbedienza – e, con il dovuto riguardo al tempo, al luogo, alla persona ed alle particolarità del caso, di concedere dispense, ma in modo tale che in tutte le circostanze egli agisca per l'onore di Dio, con la dovuta attenzione per la pietà e per le considerazioni pratiche.

Qui termina la Regola.

---

[84] Come ricorda W. Urban (*The Teutonic Knights*, cit., pp.55-56 della trad.it.), i Fratelli che violavano la *Regola* potevano incorrere in pene lievi, moderate, severe e molto severe. Le pene più lievi e frequenti venivano punite con la frusta ed il digiuno. Coloro che venivano condannati ad un anno di punizione, per esempio, dovevano dormire con i servi, indossare vesti senza la Croce nera, mangiare pane ed acqua tre volte alla settimana, e non potevano comunicarsi insieme ai Fratelli cavalieri. Questo è un esempio di punizione moderata. Infrazioni più gravi comportavano i ferri e la prigione. Scontata la pena, il reo sarebbe potuto tornare nell'Ordine, ma gli sarebbe stata inibita per sempre qualsiasi carica, oppure poteva esserne espulso. Tre pene non ammettevano perdono: la codardia davanti al nemico, l'abiura della fede cristiana passando al nemico, pagano o musulmano, e la sodomia. Nei primi due casi il colpevole veniva espulso con ignominia dall'Ordine; nel terzo la pena era la prigione a vita o la morte.

RITUALE D'AMMISSIONE

*L*a cerimonia di investitura del Cavaliere era la stessa indicata nel Pontificale Roma-num, de Benedictione novi militis, *cui rimandiamo. Il Rituale d'Ammissione, invece, era peculiare all'Ordine Teutonico, ossia le domande poste dal capitolo al postulante e la sua risposta; la differenza, infatti, nell'Ordine Teutonico era che il neo cavaliere veniva portato davanti al capitolo, ed interrogato se esistesse qualche circostanza che si opponesse al suo ingresso nell'Ordine:*

I Fratelli hanno udito la tua richiesta e desiderano sapere se quanto stiamo per dire può riguardarti.
Se hai mai prestato giuramento di appartenere ad un altro ordine;
se hai mai fatto promessa di matrimonio ad una donna;
se sei servo di un altro uomo;
se devi denaro a qualcuno, o se hai debiti che possano compromettere l'Ordine;
se la tua salute è debole.
Se una di queste circostanze è vera e tu non la ammetta, nel momento in cui diventerà nota tu potrai venir espulso dall'ordine.

Dopo aver dato risposta negativa a questa serie di condizioni ostative, il cavaliere prestava giuramento, promettendo di osservare i tre voti di castità, povertà ed obbedienza, e di essere fedele a Dio, alla Vergine ed all'ordine Teutonico sino alla morte:

Prometto la castità del mio corpo, la povertà e l'obbedienza a Dio, a Santa Maria, ed a voi, Maestro dell'Ordine Teutonico ed ai vostri successori, secondo la Regola e le pratiche dell'Ordine, fino alla morte.

PREGHIERE DELL'ORDINE

Fratelli, pregate il Signore Nostro Dio, perché benedica la Santa Cristianità con la Sua Grazia e la Sua Pace, e la protegga da tutti i mali.

Pregate Nostro Signore per il nostro capo spirituale il Papa, per l'Imperatore, e per tutti i nostri signori e prelati della Cristianità, per i secolari ed i chierici, affinché Iddio li ponga al Suo Servizio.

Pregate per i giudici ecclesiastici e secolari, perché diano alla Santa Cristianità la pace e la giustizia, così da non provocare il castigo di Dio.

Pregate per il nostro Ordine, nel quale Dio ci ha riuniti, perché il Signore possa concederci la Grazia, la Purezza e la vita spirituale, e ci liberi da ogni cosa possa essere dentro il nostro od un altro ordine che sia indegno di lode e contrario ai Suoi Comandamenti.

Pregate per il nostro Gran Maestro, e per tutti Commendatori che governano le nostre terre e le nostre genti, e pregate per tutti i Fratelli che svolgono incarichi ufficiali nell'Ordine, perché operino per il bene dell'Ordine senza allontanarsi da Dio.

Pregate per i Fratelli che non rivestono cariche, perché utilizzino utilmente il loro tempo pregando con devozione affinché i dignitari e loro stessi siano utili e pii.

Pregate per tutti coloro caduti nel peccato mortale, perché con l'aiuto di dio possano tornare nella Sua Grazia, ed essi possano sfuggire alle pene eterne.

Pregate per le terre che confinano con i pagani, perché Iddio giunga in loro aiuto con il Suo consiglio ed il suo potere, perché la Fede in Dio e nel Suo Amore si diffonda, ed essi possano resistere ai nemici.

Pregate per coloro che sono amici dell'Ordine, e anche per coloro che compiono buone azioni o provano a farle, perché Iddio possa premiarli.

Pregate per tutti coloro che ci hanno lasciato eredità e doni, perché Dio non permetta loro di allontanarsi da Lui, né da vivi né da morti.

Pregate per il duca di Svevia Federico e per il re Enrico suo fratello, che fu imperatore, e per gli onesti borghesi di Lubecca e di Brema, che hanno fondato il nostro Ordine.

Ricordiamo anche il duca Leopoldo d'Austria, il duca Corrado di Masovia, il duca Sambor di Pomeralia [*vacat*].

Ricordate [nelle vostre preghiere] le nostre Sorelle e Fratelli defunti; ciascuno di noi ricordi il proprio padre, la propria madre ed i Fratelli e le sorelle.

Pregate per tutti i credenti, perché Iddio doni loro la pace perpetua.

Riposino in pace. Amen.

Appendice

I GRAN MAESTRI
DELL'ORDINE TEUTONICO
ED I BALI' DI BIESEN E COBLENZA

Il Gran Maestro (in tedesco: *Hochmeister*; Latino: *Magister generalis*) era la carica più alta dell'Ordine, e, con la Bolla d'Oro di Rimini, promulgata da Federico II di Hohenstaufen nel 1226 era equiparato ad un principe dell'Impero.

Si deve notare come i Teutonici usassero il termine *Hochmeister* per designare il proprio Gran Maestro, mentre per indicare quelli di Templari ed Ospitalieri era usato il termine *Großmeister*. Infatti, come recita la *Regola* (paragrafo 34),

il Maestro [...] è al di sopra (Hochster) *di tutti gli altri.*

Al di sopra, quindi, non *più grande* degli altri, ciò che sarebbe stato inaccettabile alla mentalità tedesca medievale, un *primus inter pares* dall'autorità però indiscussa.

La prima forma del titolo dei Gran Maestri in latino fu *Magister Hospitalis Sancte Marie Alemannorum Jerosolimitani*.

Dal 1216, venne usato il titolo *Magister Hospitalis Domus Sancte Marie Theutonicorum Jerosolimitani* (Maestro dell'Ospedale della Casa di Santa Maria dei Teutonici di Gerusalemme).

I GRAN MAESTRI
DELL'ORDINE TEUTONICO

FRATELLI DELL'OSPEDALE DEI TEUTONICI, 1190-1198

Residenza a San Giovanni d'Acri.

(1) Sibrand, 1190-1192.
(2) Gerard, 1192-1193/4.
(3) Heinrich, *prior*, 1193/4-1195.
(4) Ulrich, 1195-1196.
(5) Heinrich, *praeceptor*, 1196-1198.
Si tratta sicuramente di Heinrich Walpot von Bassenheim.

GRAN MAESTRI DELL'ORDINE TEUTONICO DAL 1198

(1) Heinrich I Walpot von Bassenheim, 1198-1200.
(2) Otto von Kerpen, 1200-1206.
(3) Heinrich II von Tunna, 1206-1209.
(4) Herman von Salza, 1209-1239.
Nacque da una famiglia di ministeriali di Lagesalza, in Turingia intorno al 1170 o nel 1179-80. Entrò nell'Ordine nell'ultimo decennio del XII secolo, tra i primi cavalieri. Divenne Gran Maestro nel 1209. Nel 1216 ebbe I primi rapporti con Federico II di Hohenstaufen, di cui divenne amico e consigliere, e di cui fu intermediario con il papato. Con la Bolla di Rimini (marzo 1226) venne autorizzato a colonizzare il Baltico e la Prussia, e parificato a principe dell'Impero. Onorio III riconobbe le capacità di von Salza e pose l'Ordine Teutonico su un piano di parità con i Templari e gli Ospitalieri. Nel 1211 guidò una spedizione contro i Cumani su richiesta di Andrea II d'Ungheria, e tentò di creare uno stato in Pannonia, ma l'Ordine fu bandito dal re ed espulso dall'Ungheria nel 1225.
Von Salza partecipò alla quinta Crociata contro Damietta, e venne elogiato per il coraggio dimostratovi da Giovanni di Brienne, re titolare di Gerusalemme (1219); nel 1221 venne però catturato dai musulmani, e riscattato.
Più tardi convinse Federico II ad intraprendere la VI Crociata, per attenuare il confitto sorto con il papa per la mancata partenza dell'imperatore per la crociata di Damietta.
Von Salza ebbe un qualche ruolo nel matrimonio tra l'imperatore e Iolanda di Brienne, figlia di Giovanni ed erede del regno di Gerusalemme. Nel 1225 Corrado di Masovia chiese l'intervento dei Teutonici contro i pagani, e nel 1230 iniziò l'espansione teutonica in Prussia e nel Baltico. Nel 1237, malgrado il parere negativo di von Salza, i cavalieri Portaspada vennero incorporati dal papa nei Teutonici.
Si ritirò a Salerno, dove morì il 20 marzo 1239, lo stesso giorno in cui Federico II, l'imperatore da lui così fedelmente servito veniva scomunicato.

Dal 1230 residenza a Montfort

(5) Conrad I di Turingia-Assia, 1239-1240.
Fu il primo nobile veramente importante (era elettore imperiale) ad entrare nell'Ordine.

Fu un nobile di carattere estremamente orgoglioso (una volta catturò l'arcivescovo di Mainz minacciando di tagliarlo in due). Arrivò a saccheggiare e bruciare una città libera imperiale, Mainz appunto, ritenendo di essere stato offeso; tuttavia ammonito dal papa si fece monaco e si ritirò in monastero.

(6) Gerhard von Malberg, 1241-1244.

Accusato di aver infranta la Regola, venne deposto dal Capitolo Generale dell'ordine Teutonico.

(7) Heinrich III von Hohenlohe, 1244-1249.

(8) Gunther von Schwarzenberg, 1249-1253.

(9) Poppo (Popone) von Osterna, 1253-1257.

Landmeister di Prussia dal 1237 e dal 1241 al 1244, apparteneva ad un'importante famiglia della regione di Norimberga, e provocò uno scandalo quando ripudiò la moglie per poter entrare nell'Ordine (la moglie entrò in convento) Osterna guidò i Teutonici nel difficile periodo delle guerre contro Swentopolk di Pomerelia e contro i borussi, ribellatisi dopo la battaglia del lago Peipus.

(10) Hanno von Sangershausen, 1257-1274.

Maestro Livonico (1254-1256) e *Hochmeister* dell'anno successivo, guidò l'Ordine nel difficile periodo seguito alle guerre di Samogizia (1259-1260) e durante le rivolte, conseguenza della guerra, in Prussia e Livonia.

Nel 1271 Montfort cadde in mano egiziana, e la sede dell'Ordine venne riportata ad Acri.

(11) Hartmann von Heldungen, 1274-1283.

(12) Burkhard von Scwanden, 1283-1290.

(13) Conrad II von Feuchtwangen, 1290-1297.

Trasferì la sede dell'Ordine a Venezia, dopo la caduta di San Giovanni d'Acri nel 1291.

1291, residenza a Venezia

(14) Gottfried von Hohenlohe, 1297-1302.

Nel 1297 convocò il Consiglio generale dell'Ordine, in cui vennero approvati i nuovi Statuti che ampliavano i poteri del Gran Maestro, rendendolo un sovrano assoluto. Disgustato dalla condotta dei cavalieri nei feudi del Baltico cercò di imporre un drastico ritorno alla *Regola* dell'Ordine, cosa che suscitò reazioni tali da costringerlo da abdicare dalla carica di *Hochmeister*.

(15) Siegfried von Feuchtwangen, 1302-1310.

Siegfried von Feuchtwangen fu il quindicesimo Gran Maestro Teutonico dal 1303 fino 1311.

Era nato in Franconia, nella famiglia di Conrad von Feuchtwangen. Divenne Gran Maestro dopo che il suo predecessore, Gottfried von Hohenlohe, aveva abdicato. Il magistero di Gottfried venne anch'esso segnato da alcuni dissidi interni all'Ordine. Sotto Siegfried, nel 1308 l'Ordine conquistò Danzica e prese il controllo della Pomerelia, divenendo così il maggior avversario del regno polacco. Siegfried trasferì la sede dell'Ordine da Venezia a Marienburg.

Siegfried vi morì nel 1311 e fu seppellito nella cattedrale di Kulmsee.

(16) Karl Bessart von Trier, 1311-1324.

Nel 1317 accolse nell'Ordine un gran numero di Templari tedeschi, dopo lo scioglimento del Tempio. Persona estremamente colta (parlava in modo eccellente latino, francese ed italiano, ed era un colto amante della letteratura, soprattutto del ciclo bretone). Iniziò la guerra in Samogizia, per porre fine agli attacchi alla Curlandia e alla Semlandia, iniziando la pratica delle *Reysen*. Nel 1316 cominciarono ad arrivare per parteciparvi i primi crociati europei, attratti dalle indulgenze e dall'atmosfera cavalleresca che von Trier era riuscito a dare all'ordine, istituendo una tavola d'onore ispirata alla Tavola rotonda del ciclo arturiano.

(17) Werner von Orselen, 1324-1330.

(18) Lothar di Brunswick, 1331-1335.

(19) Dietrich von Altenburg, 1335-1341.

Dietrich von Altenburg fu il diciannovesimo *Hochmeister* dell'Or-dine Teutonico, dal 1335 al 1341. Come molti Gran Maestri era originario della Turingia. Tra il 1320 ed il 1324, fu il Comandante di Ragneta, poi di Balga [1326-1331]. Nel 1331, divenne Gran Maresciallo, e condusse *Reysen* contro la Polonia, conquistando la Cuyavia. Comandante energico e crudele, venne denunciato ad un tribunale pontificio per le crudeltà commesse durante le incursioni contro i cattolici polacchi nel 1331. Ciò non ne impedì l'elezione a Gran maestro, e durante la sua carica eresse e restaurò un gran numero di fortezze dell'Ordine. A Marienburg ricostruì la cattedrale della Beata vergine e la torre principale della fortezza, oltre alla cappella di S. Anna ed al ponte sulla Nogat, e la Porta del Ponte (Brucktor). Morì dopo una malattia a Torun (dove si era recato per negoziare con i polacchi) nell'ottobre del 1341, e venne sepolto nella cappella di S. Anna da lui eretta a marienburg, dov'è ancora visibile la sua lastra tombale.

(20) Ludolf Konig von Wattzau, 1342-1345 .

(21) Heinrich IV Dusener von Arfberg, 1345-1351.

(22) Winrich von Kniprode, 1351-1382.

La sua personalità geniale ed il suo innato senso dell'etichetta cavalleresca diedero all'Ordine la fama di baluardo della cortesia cavalleresca, spingendo un gran numero di crociati e nobili europei a partecipare alle *Reysen* contro i pagani, non solo per ottenere indulgenze ma anche per spirito cavalleresco e d'avventura. In questo modo l'Ordine, oltre a diventare molto popolare in tutta Europa, ricevette un gran numero di donazioni ed offerte e poté disporre di un gran numero di cavalieri ben addestrati e dei loro seguiti.

(23) Conrad III Zollner von Rothstein, 1382-1390.

(24) Conrad IV von Wallenrode, 1391-1393.

Conrad IV von Wallenrode (nato tra il 1330 ed il 1340, morto il 23 luglio 1393) veniva da una famiglia di cavalieri originaria della Franconia che risiedeva a Schwabach, presso Norimberga. Conrad von Wallenrode divenne cavaliere Teutonico intorno al 1370. Nel 1377, il Gran Maestro Winrich von Kniprode lo nominò Commendatore (*Kommtur*) di Schlochau. La sua carriera decollò, però, nel 1382, quando Conrad Zollner von Rotenstein divenne Gran Maestro. Dopo la morte di Kunon von Hattenstein, von Wallenrode divenne Gran Maresciallo e Comendatore di Königsberg. Si occupò soprattutto dell'organizzazione delle *Reysen* contro la Lituania. Nel 1387 Conrad von Wallenrode divenne Commendatore di Marienburg e Gran Commendatore dell'Ordine Teutonico.

Nel 1390, *l'Hochmeister* Conrad III Zollner von Rothstein morì, e la successione di von Wallenrode sembrava certa. Tuttavia, egli incontrò una forte opposizione da parte di Walrabe von Scharffenberg, Commendatore di Danzica. Solamente il 20 agosto 1391 Wallenrode divenne il ventiquattresimo Gran Maestro, grazie al sostegno di due elettori, Siegfried Walpot von Bassenheim, Commendatore di Elbing, e Rudiger von Elner, Commendatore di Tuchola. Malgrado la brevità del suo magistero, due anni, vi furono numerosissime *Reysen* contro la Lituania. Von Wallenrode fu ostile all'unione tra la Polonia e la Lituania, e tentò di dissolverla. Nel 1392 Wladyslaw Opolczyk gli propose una spartizione della Polonia tra l'Ordine Teutonico, il Sacro Romano Impero, l'Ungheria, il Brandenburgo e i signori slesiani, ma von Wallerode rifiutò. Lo stesso anno lanciò una crociata contro la Lituania con molti cavalieri giunti da tutta Europa, guidata da Enrico, duca di Derby, il futuro Enrico IV d'Inghilterra e da Vytautas il Grande. Conrad von Wallenrode morì durante la preparazione della *Sommerreysa* contro il Granducato di Lituania on il 23 luglio 1393, probabilmente per un colpo apoplettico.

Fu attivo nella colonizzazione della Prussia, trasferendovi molte famiglie tedesche, e dove eresse due fortezze, Gottersweder e Mittenburg.

Nel 1393 istituì una nuova Commenda a Ryna, con a capo suo fratello, Friedrich von Wallenrode, che sarebbe divenuto Commendatore di Gniew e di Strassburg e Gran Maresciallo di Königsberg e che sarebbe morto a Tannenberg nel 1410. Un altro suo parente fu Johann von Wallenrode, the arcivescovo di Riga tra il 1393 ed il 1416.

Conrad von Wallenrode ispirò in diversi elementi, compreso il nome del protagonista, il poema nazionalista polacco *Conrad Wallenrod* di Adam Mickiewicz.

(25) Conrad V von Juningen, 1393-1407.

Fu scelto per la sua grande capacità militare e diplomatica, che portarono l'Ordine alla vittoria nelle guerre di Samogizia contro polacchi e lituani.

Con il trattato di Sallinwerder del 1398 l'Ordine ottenne la Samogizia, assicurandosi il collegamento tra Prussia a Livonia via terra.

(26) Ulrich von Jungingen, 1407-1410.

Ulrich von Jungingen (1360-15 luglio 1410) era il fratello minore di Conrad von Jungingen, suo predecessore nella carica di *Hochmeister*.

Ulrich fu Commendatore di Balga (1396-1404) e Maresciallo e Comendatore di Königsberg (1404-1407). Nel 1407 divenne Gran Maestro dell'Ordine. Morì durante la battaglia di Tannenberg (Grunwald), comandando i cavalieri Teutonici contro i lituani ed i polacchi di Ladislao II Jagellone.

(27) Heinrich V von Plauen, 1410-1413.

Difese vittoriosamente Marienburg, riconquistando poi le fortezze prussiane cadute in mano ai polacchi, e restaurando almeno in parte l'autorità dell'Ordine.

Nel 1413 accusato dal Capitolo Generale dell'Ordine venne deposto dalla carica, con l'autorizzazione del papa e dell'imperatore.

(28) Michael Küchenmeister von Sternberg, 1414-1422.

(29) Paul Belenzer von Ruszdorf, 1423-1440.

(30) Conrad VI von Erlichshausen, 1441-1449.

(31) Ludwig von Erlichshausen, 1450-1467.

I suoi tentativi di sopprimere le rappresentanze di borgesi, vassalli e piccola nobiltà, allo scopo di rafforzare l'autorità del Gran Magistero portarono allo scoppio della guerra de

Tredici Anni. Nel 1457 l'Ordine erse Marienburg, e il Gran Maestro dovette trasferirsi a Königsberg.

L'Ordine uscì prostrato dalla guerra, e con la pace di Thoron del 1466 ogni speranza di ritornare ai fasti del passato era finita per sempre.

1457, residenza a Königsberg

(32) Heinrich VI von Reuss, 1467-1470.
(33) Heinrich VII Reffle von Richtenberg, 1470-1477.
(34) Martin Truchsetz von Wetzhausen, 1477-1489.
(35) Johann von Tieffen, 1489-1497.
(36) Friedrich di Sassonia, 1497-1510.
(37) Alberto di Brandeburgo- Ansbach, 1511-1525.

Si convertì al luteranesimo e divenne primo duca di Prussia, dopo aver secolarizzato i beni dell'Ordine e preso moglie. Regnò dal 1525 al 1568.

I suoi discendenti (la casa di Hohenzollern) sarebbero diventati re di Prussia con Federico Guglielmo I – il cui successore, Federico II, avrebbe reso la Prussia una potenza mondiale – e, dal 1871, imperatori di Germania, reggendo la Prussia sino all'abdicazione di Guglielmo II nel novembre del 1918.

HOCH- UND DEUTSCHMEISTERN

1525, residenza a Mariental-Mergentheim

(38) Walter von Cronberg, 1527-1543.
(39) Wolfgang Schutzbar, 1543-1566.
(40) Georg Hundt von Weckheim, 1566-1572.
(41) Heinrich VIII von Bobenhausen, 1572-1590.
(42) Massimiliano II d'Austria, 1590-1618.
(43) Carlo I d' Austria, 1619-1624.
(44) Johann Eustach von Westernach, 1625-1627.
(45) Johann Kasper I von Stadion, 1627-1641.
(46) Leopoldo Guglielmo d'Austria, 1641-1662.
(47) Carlo Giuseppe d'Austria, 1662-1664.
(48) Johann Kasper II von Ampringen, 1664-1684.
(49) Ludwig Anton del Palatinato-Neuburg, 1685-1694.
(50) Ludwig Franz del Palatinato-Neuburg, 1694-1732.
(51) Clemente Augusto di Baviera, 1732-1761.
(52) Carlo di Lorena, 1761-1780.
(53) Massimiliano Francesco d Austria, 1780-1801.
(54) Carlo d'Asburgo, 1801-1804.
(55) Antonio Vittorio d'Austria, 1804-1835.

1809, residenza a Vienna

(56) Massimiliano d'Austria-Este, 1835-1863.
(57) Guglielmo Francesco Carlo d'Austria, 1863-1894.
(58) Eugenio d'Austria, 1894-1923.

BALIATO DI BIESEN

(1) Henricus, 1229-1230.
(2) Henricus, 1235-1238.
(3) Lodewijk, 1240-1241.
(4) Wilhelmus, 1250-1252.
(5) Walther von Koblenz, 1253.
(6) Diederik Guldenhoofd, 1255-ca. 1267.
(7) Gerard van Printhagen, 1265-1267.
(8) Lodewijk van Kinswilre, 1267-1268.
(9) Nicolaas van Horne, 1268-1270.
(10) Mathias van Franchevort, 1270-1271/72.
(11) Herman van Rijkel, 1271/2-ca. 1275.
(12) Nicolaas van Horne, 1275-ca. 1280.
(13) Ecbertus van Stockheim, 1282-1284.
(14) Dierik van der Horst (anche di Utrecht), 1284-c.1290.
(15) Dierik van Wevelhoven, 1290-ca. 1295.
(16) Walter van Papenhoven, 1300-1307.
(17) Dierik G. v. Holland (balì anche di Coblenza), 1307-1317.
(18) Gerard van Loon, 1317-1324.
(19) Rutger van Kaldenberg, 1324-1327/8.
(20) Johan van Hoenhorst (anche di Utrecht), 1327/28-ca. 1338.
(21) Hendrik von Hindenburg, 1338.
(22) Gerard van Printhagen, 1339.
(23) Dierik (o Hendrik) van Rondorp, 1340.
(24) Wynand van Spanbeke, 1343.
(25) Conrad van der Kaulen, 1345-48.
(26) Conrad van Vranckevort, 1349-50.
(27) Rutger van Vriemersheim (anche di Utrecht), 1353-1358.
(28) Renier Hoen van Hoensbroek (anche di Utrecht), 1358-1371.
(29) Hendrik van Leeuwenberg, 1371-ca. 1380.
(30) Renier van Hansen, 1380-1410/11.
(31) Iwan van Cortenbach, 1410/11-1434.
(32) Dierik van Betgenhusen, 1434-1440.
(33) Albrecht von Fortsche von Thoronauw, 1440-1443.
(34) Mathias van der Straten, 1444-1460.
(35) Nicolaas van der Dusen, 1460-1467.
(36) Johan van der Velde, 1467-1481.
(37) Gerard de Sombreffe, 1481-1482.
(38) Johan van Herck, 1482-1503.
(39) Maximilian van Eynatten, 1504-1512.
(40) Gerard van Streithagen, 1512-1536.
(41) Wynand van Breyll, 1536-1554.
(42) Jan van Goer, 1554-1572.
(43) Heinrich von Reuschenberg, 1572-1603.
(44) Willem Frambach Bock van Lichtenberg, 1603-1605.

(45) Edmond Huyn van Amstenraedt, 1605-1634.
(46) Godfried Huyn van Amstenraedt van Geleen, 1634-1657.
(47) Edmond Godfried von Bocholz, 1657-1690.
(48) Hendrik van Wassenaer tot Warmond, 1690-1707.
(49) Damian Hugo von Schönborn, 1707-1743.
(50) Ferdinand Damian von Sickingen, 1743-1749.
(51) Wiric Leopold von Steinen, 1749-1766.
(52) Caspar Anton von der Heyden, 1766-1784.
(53) Franz Johan von Reisbach, 1784-1807.

BALIATO DI COBLENZA

(1) Ludwig, 1231.
(2) Walter, 1248-1269.
(3) Matthias, 1274-1294.
(4) Anselm von Witzellenbach (facente funzione), 1281.
(5) Dierik G. v. Holland (anche in Biesen e Utrecht), 1298-1303
(6) Winrich von Bosweiler, 1315-1318.
(7) Berthold von Buchegg, 1324.
(8) Alexander (facente funzione), 1331.
(9) Jakob, 1331-1338.
(10) Eberhard von Monheim, 1338-1343.
(11) Johann von Langenreuth, 1343-1344.
(12) Werner Schenhatz (facente funzione), 1344.
(13) Christian von Binzfeld, 1354-1356.
(14) Rüdiger von Frimersheim, 1361-1374.
(15) Gottfried von Bicken, 1374-1379.
(16) Berthold Kirskorb, 1383-1386.
(17) Adolf von Brügneys, 1386-1388.
(18) Adolf von Frymen, 1389-1392.
(19) Winrich von Rheindorf, 1393-1409.
(20) Albrecht von Thüna, 1409-1410.
(21) Wilhelm von Wynningen, 1410.
(22) Gerhard von Benefis, 1420-1427.
(23) Philipp von Kendenich, 1430-1435.
(24) Eberhard von Nasheim, 1435-1442.
(25) Eberhard Thyn von Schlenderhan, 1442-1447.
(26) Nikolaus von Geilsdorf, 1447-1461.
(27) Eberhard von der Wegge (facente funzione), 1451.
(28) Eberhard von der Warhaus (facente funzione), 1451.
(29) Heitgin von Mile, 1463.
(30) Werner Overstolz, 1463-1479.
(31) Philipp, Graf von Solms, 1480-1500.
(32) Johann Scherffchen, 1486-1491.
(33) Werner Spies von Büllesheim, 1486-1518.
(34) Philipp Blick von Lichtenberg, 1498-1499.
(35) Ludwig von Seinsheim, 1502-1524.
(36) Wilhelm, Graf von Eisenberg, 1524.
(37) Erich, Herzog von Braunschweig, 1527-1532.
(38) Georg von Eltz, 1532.
(39) Walter von Heußenstamm, 1532-1547.
(40) Werner Forstmeister von Gelnhausen, 1536.
(41) Wilhelm Halber von Hergern, 1547-1557.
(42) Anton von Weyr zu Nickenich, 1548-1558.
(43) Gerhard von Bohneburg, gen. Honstein, 1560-1573.
(44) Reinhard Scheiffart de Merode, 1570-1589.

(45) Otto von Güns, 1574-1577.

(46) Adolf von Bongard, 1584-1628.

(47) Heinrich von Eltz Werner Spies von Büllesheim, 1641.

(48) Goswin Scheiffart de Merode, 1650-1687.

(49) Heinrich von Reuschenberg, 1662-1671.

(50) Karl Otto von Koppenstein, 1670- 1677 (?).

(51) Johann Heinrich von Metternich, 1678.

(52) Johann Wilhelm von Metzenhausen-Linster, 1678-1698.

(53) Johann Friedrich Mohr von Wald, 1703-1704.

(54) Heinrich Wilhelm von Mirbach, 1706-1721.

(55) Karl Gottfried von Loe, 1715-1721.

(56) Jobst Moritz von Droste, 1720-1752.

(57) Friedrich Christian von Mengersen, 1752-1753.

(58) Ignaz von Wurmbrand, 1753-1761.

(59) Ignaz Felix von Roll-Bernau, 1761-1794.

(60) Karl Friedrich Forstmeister von Gelnhausen, 1784-1795.

(61) Karl Friedrich Forstmeister von Gelnhausen, 1795-1805.

(62) Karl Anton von Kerpen, 1803-1805.

(63) Ferdinand Kaspar von Kleist, 1803-1805.

(64) Wenzel Johann, Graf von Colloredo, 1805.

CRONOLOGIA DELL'ORDINE TEUTONICO
SINO AL 1525

1190

Fondazione dell'Ospedale di Santa Maria dei Teutonici.

Gui di Lusignano, re di Gerusalemmme dona ai Teutonici parte di una torre ad Acri.

1191

6 febbraio. Bolla di papa Clemente III che approva l'Ordine dell' Ospedale di S. Maria dei Teutonici.

1195

Il conte Enrico di Champagne dona ai teutonici la casa di Teodoro di Sarepta a Tiro; nel 1196 donerà anche possedimenti a Joppe (Giaffa).

1196

Papa Celestino III prende l'Ospedale di S Maria dei Teutonici di Gerusalemme sotto la propria protezione.

Hermann von Salza si reca forse in Terra Santa al seguito di Hermann di Turingia.

1197

L'imperatore Enrico VI dona all'Ordine un ospedale a Barletta (20 maggio) e la chiesa ed il chiostro della SS. Trinità a Palermo (18 luglio).

1198

Celestino III autorizza la trasformazione dell'Ordine in Ordine militare.

I Teutonici combattono al fianco di Amalrico II di Gerusalemme, che in cambio dona loro una torre ad Acri, già appartenente all'Ordine di San Nicola.

1199

19 febbraio. Innocenzo III concede ai Teutonici il mantello bianco con la croce nera e la Regola, ispirata a quelle ospitaliera e templare.

1202

Geroldo di Bolzano dona all'Ordine un ospedale in città.

1204

Quarta crociata. Presa di Costantinopoli e nascita dell'Impero latino. I Teutonici riceveranno il feudo di Kalamata in Morea (1209).

1208

Prima menzione nelle fonti della carica di *Maresciallo*, a sottolineare il carattere guerriero dell'Ordine.

1209

Tensione ad Acri tra Ospitalieri, Teutonici e baroni da una parte e Templari dall'altra: da questo momento i rapporti tra teutonici e cavalieri del tempio saranno quasi sempre tesi.

1211
Federico II di Hohenstaufen re di Germania.
Andrea II d'Ungheria concede il Burzenland ai Teutonici.

1212
Leone d'Armenia dona ai Teutonici Adomadana, cui seguiranno due anni dopo il castello
di Amudain, di sespin ed altre terre.

1215
Federico II eletto imperatore.

1216
18 febbraio. Bolla di Innocenzo III che pone sotto la propria protezione l'Ordine Teutonico.
Dicembre. Federico II incontra per la prima volta Hermann von Salza a Norimberga.

1217
Federico II mentre si trova ad Ulma dona possedimenti in Sicilia all'Ordine, ed il 24 giugno
lo pone sullo stesso livello di Templari ed Ospitalieri nel regno di Sicilia.
Inizia la Quinta Crociata.
1218
Von Salza e i Teutonici sono a Damietta, in Egitto. Contrasto sulla strategia da seguire tra
Templari ed Ospitalieri da una parte, e Teutonici e Giovanni di brienne dall'altro.

1220
Von Salza si reca ad Acri con Giovanni di Brienne, re di Gerusalemme, ed a novembre rag-
giunge Federico II in Italia.

1221
9 gennaio. Onorio III concede ai teutonici gli stessi benefici di Tempio ed Ospedale.
L'Ordine è ormai riconosciuto pari ai predecessori dalla Chiesa
Leopoldo d'Austria dona all'Ordine il castello di montfort presso Acri, che diverrà la sede
dei Teutonici per mezzo secolo.
30 agosto, battaglia di Mansurah. Von Salza e il Gran Maestro del Tempio vengono presi
prigionieri e trattenuti in ostaggio.

1225
L'Ordine viene espulso dall'Ungheria da re Andrea II.

1226
Federico II emana la Bolla d'Oro di Rimini.

1228
Corrado di Masovia invita l'Ordine a combattere i pruteni, donando loro il Kulmerland.

Federico II arriva in Terra santa accompagnato da von Salza, ottenendo pacificamente Gerusalemme dal sultano d'Egitto al Kamil, e si incorona re di Gerusalemme. Templari ed Ospitalieri non partecipano alla crociata dell'imperatore scomunicato.

1230
Il papa Gregorio IX riconosce ai teutonici il possesso di Kulm.

1231
Hermann Balk avanza in Prussia.
Costruzione del castello di Thoron
In terrasanta Gualtiero di Brienne dona ai Cavalieri Teutonici il castello di Beauvoir.

1234
Vittoria sui borussi a Sirguna.
Il papa Gregorio IX autorizza l'ordine a creare un proprio stato secolare in Prussia.

1235
L'Ordine di Dobrizin è incorporato nell'Ordine Teutonico.

1236
Sconfitta dei Portaspada di Livonia a Saule e morte del Gran Maestro Volkwin.

1237
Fusione tra l'ordine dei Postaspada e i Teutonici.
Federico II sconfigge la Seconda Lega lombarda a Cortenuova. Alla battaglia partecipa anche Hermann von Salza con un contingente teutonico.

1239
Hermann von Salza, ammalatosi l'anno prima durante la terza campagna di Federico II contro i comuni italiani, muore a Salerno ed è sepolto a Barletta.

1241
9 aprile. Battaglia di Leignitz contro i Mongoli.

1242
5 aprile. Battaglia del lago Peipus.
Prima rivolta prussiana.

1243
28-29 luglio. Bolla del legato pontificio Giovanni da Modena, poi approvata da Innocenzo IV, che divide la Prussia nelle diocesi di Kulm, della Pomesania e di Warmia, più una quarta nelle terre che sarebbero state conquistate.

1244
Il Capitolo generale depone il Gran Maestro Gerhard von Maler.
I mamelucchi riconquistano Gerusalemme.

1248

24 novembre. Trattato tra l'ordine e Swantopolk. Il duca di pomerelia si impegna a rinunciare a qualsiasi alleanza con "gli idolatri borussi".

1249

7 febbraio. Il trattato di Christburg tra l'ordine ed i capi borussi pone fine alla prima rivolta prussiana. L'accordo garantisce, in cambio dell'accettazzione della supremazia teutonica e della religione cristiana, pieni diritti ai borussi battezzati, tra cui, per i nobili, quello di entrare nell'Ordine Teutonico. Vengono abolite la poligamia,la cremazione dei morti ed i sacrifici umani. Chi rifiuta di farsi battezzare sarà espulso dalla Prussia ed i suoi beni confiscati.

1256

Fondazione di Königsberg.

1257-1261

I teutonici espandono i propri possedimenti in Terra Santa; Julian de Grenier dona loro la cosiddetta Caverna di Tyron, presso Sidone, e vende loro un vasto feudo, Schuf o Souf, per 23.000 bisanti. Vengono poi acquistati un castello da Jean de la Tour, connestabile di Sidone, e due castelli da Giovanni di Souf.

1260

Luglio. I Teutonici sconfitti a Durben.
Seconda rivolta prussiana.

1263

Baybars, sultano d'Egitto, sconfigge i crociati a Sidone. I Teutonici perdono tutti i propri possedimenti nella zona.

1271

Caduta di Montfort. La sede dell'Ordine è trasferita a San Giovanni d'Acri.

1273

Fine della seconda rivolta prussiana.

1291

Al Ashraf Kamil, sultano d'Egitto, espugna Acri. Nel 1293 Al Ashraf verrà assassinato, e gli succederà Melik al Mansur, Cavaliere Teutonico convertito all'Islam, e conquistatore della Piccola Armenia nel 1296.
L'Ordine si trasferisce a Venezia.

1297

Capitolo Generale dell'Ordine a Venezia. Vengono riformati gli Statuti, dando maggior potere al gran Maestro.

1303

Il Gran Maestro von Hoenlohe si dimette per contrasti con i cavalieri in Prussia e Livonia.

1309

La sede dell'Ordine viene trasferita a Marienburg. Viene abolita la carica di Maestro della Prussia.

1346

L'Ordine Teutonico acquista Reval e l'Estonia settentrionale ai danesi.

1348

Il Gran Commendatore von Kniprode sconfigge sul fiume Strawe un'armata lituana appoggiata da contingenti di Smolensk, Poltosk e Vitebsk.

1370

Von Kniprode, ora Gran Maestro, sconfigge un'armata lituana diretta su Königsberg; nella battaglia cade il Maresciallo dell'Ordine, Henning von Schindekopf. I Teutonici si impadroniscono dello stendardo del granduca.

1383-1384

Tensione tra Teutonici e Ospitalieri in Morea.

1386

Vladislao Jagellone si converte al cristianesimo e diventa re di Polonia.

1391

Assedio di Vilnius.

1401

Alleanza formale tra Lituania e Polonia.

1404

Trattato di pace tra l'Ordine Teutonico, la Polonia e la Lituania.

1409

Inizio di una nuova rivolta samogizia, appoggiata da Polonia e Lituania.

1410

15 luglio. Battaglia di Tannenberg (Grunland). Sul campo resta anche il gran maestro von Jungingen.
Fallito assedio polacco a Marienburg; Vladislao II deve ritirarsi.
Von Plauen riconquista i castelli prussiani.
10 novembre. Tregua tra Teutonici, polacchi e lituani.

1411

Primo trattato di Thoron tra l'Ordine e gli Jagelloni.

1416
Concilio di Costanza.
1422
Guerra di Gollub e trattato di Melno

1433
I mercenari boemi catturano Dirschau.
Il procuratore teutonico alla corte pontificia, Johann Nichlausdorf protesta con l'ambasciatore bizantio per il sequestro dei feudi dell'Ordine in Morea.

1434
Morte di Vladislao II Jagellone.

1435
Al concilio di Basilea i teutonici chiedono la restituzione dei feudi sequestrati dai bizantini in Morea.

1440
Formazione dell'Unione prussiana.Casimiro IV re di Polonia.

1454
Sconfitta polacca a Chojnice. Inizio della Guerra dei Tredici Anni.

1457
Caduta di Marienburg. L'Ordine si trasferisce a Königsberg.

1462
Battaglia del lago Zarnowiec.

1466
Secondo Trattato di Thoron. L'Ordine diventa vassallo del re di Polonia.

1500
Bayezid II conquista Modone ai veneziani ed espelle i Teutonici dal Peloponneso.

1525
Il Gran Maestro Alberto di Bradenburgo aderisce alla Riforma luterana e secolarizza i beni dell'Ordine.

GALLERIA D'IMMAGINI

Hermann von Salza, Gran Maestro dal 1210 al 1239, riuscì grazie alle proprie capacità diplomatiche e amministrative a portare l'Ordine Teutonico sullo stesso piano di importanza di Templari ed Ospitalieri. Sotto, il lago Peipus (1242).

Marienburg (oggi Malbork) divenne sede dell'Ordine Teutonico a partire dal 1309. Caduto in abbandono dopo la conquista polacca nel 1457, ospitò poi caserme e magazzini prussiani. Distrutto durante la seconda guerra mondiale è stata completamente restaurato. È ritenuto il più grande castello d'Europa.

La battaglia di Tannenberg (1410) nel dipinto di Jan Mateijko (dettaglio).

Scudo da parata appartenuto al Gran Maestro Karl von Trier (1311-1324), con la croce dell'Hochmeister sormontata dall'elmo con cimiero.

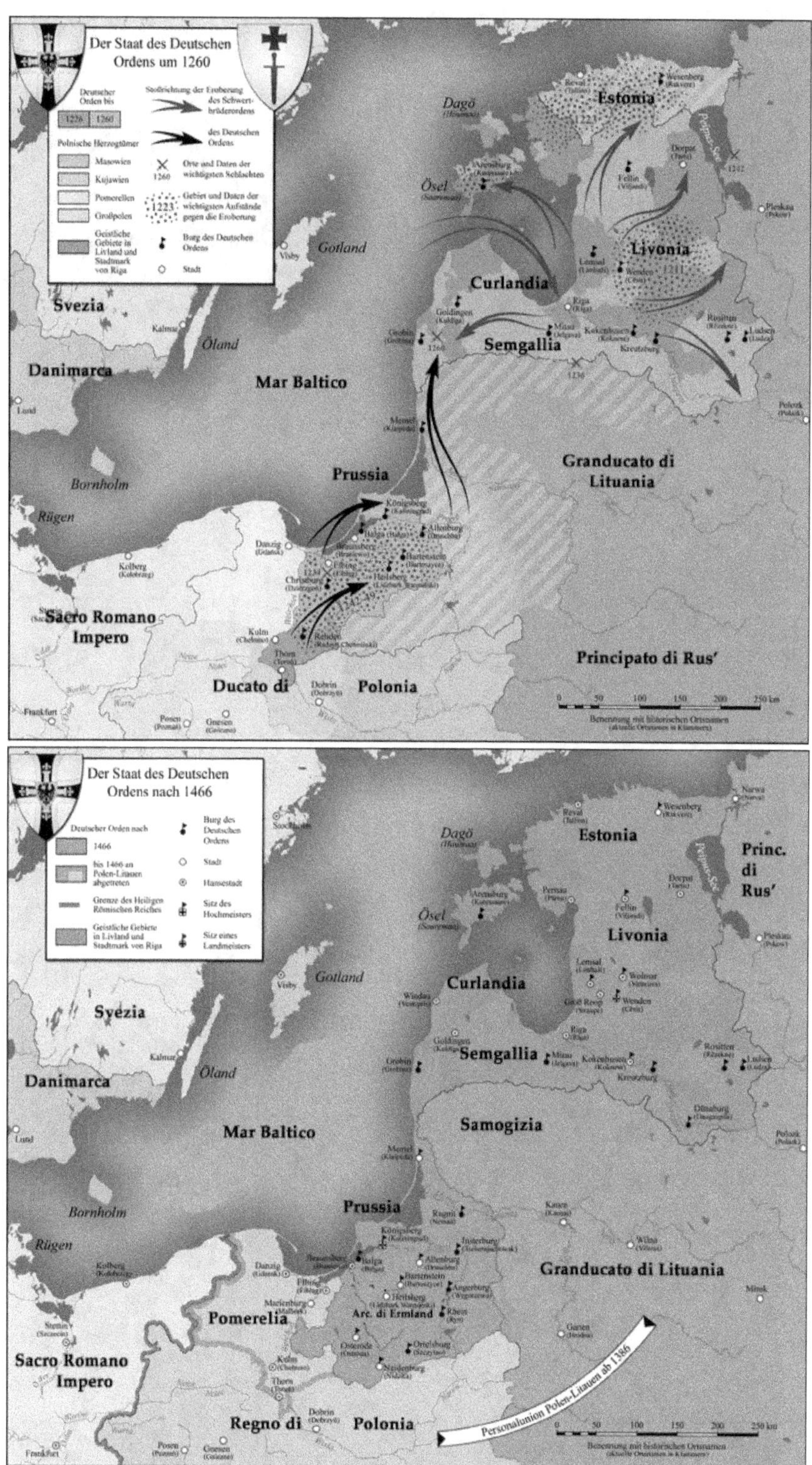

Der Staat des Deutschen
Ordens um 1260
Deutscher Orden bis
1226   1260
Polnische Herzogtümer
Masowien
Kujawien
Pomerellen
Großpolen
Geistliche Gebiete in Livland und Stadtmark von Riga
Stoßrichtung der Eroberung des Schwertbrüderordens
des Deutschen Ordens
Orte und Daten der wichtigsten Schlachten
Gebiet und Daten der wichtigsten Aufstände gegen die Eroberung
Burg des Deutschen Ordens
Stadt
Svezia
Danimarca
Gotland
Visby
Öland
Kalmar
Lund
Mar Baltico
Bornholm
Rügen
Prussia
Kolberg
Danzig
Königsberg
Elbing
Christburg
Kulm
Thorn
Frankfurt
Posen
Gnesen
Dobrin
Ducato di   Polonia
Sacro Romano Impero
Dagö
Estonia
Ösel
Arensburg
Fellin
Dorpat
Pleskau
Livonia
Curlandia
Lemsal
Wenden
Riga
Goldingen
Grobin
Mitau
Kokenhusen
Kreuzburg
Rossitten
Ludsen
Polozk
Semgallia
Granducato di Lituania
Principato di Rus'
0   50   100   150   200   250 km
Benennung mit historischen Ortsnamen

Der Staat des Deutschen
Ordens nach 1466
Deutscher Orden nach
1466
bis 1466 an Polen-Litauen abgetreten
Grenze des Heiligen Römischen Reiches
Geistliche Gebiete in Livland und Stadtmark von Riga
Burg des Deutschen Ordens
Stadt
Hansestadt
Sitz des Hochmeisters
Sitz eines Landmeisters
Stockholm
Dagö
Estonia
Narva
Wesenberg
Reval
Dorpat
Pleskau
Princ. di Rus'
Ösel
Arensburg
Pernau
Fellin
Livonia
Lemsal
Wolmar
Curlandia
Windau
Groß Roop
Wenden
Riga
Goldingen
Semgallia
Mitau
Kokenhusen
Rositten
Ludsen
Polozk
Kreuzburg
Dünaburg
Samogizia
Svezia
Gotland
Visby
Öland
Kalmar
Lund
Danimarca
Mar Baltico
Bornholm
Rügen
Memel
Prussia
Ragnit
Kauen
Wilna
Königsberg
Insterburg
Altenburg
Brandenburg
Balga
Bartenstein
Angerburg
Danzig
Elbing
Marienburg
Heilsberg
Arc. di Ermland
Rhein
Pomerelia
Stettin
Kolberg
Osterode
Ortelsburg
Garten
Minsk
Kulm
Neidenburg
Thorn
Dobrin
Sacro Romano Impero
Frankfurt
Posen
Gnesen
Regno di   Polonia
Granducato di Lituania
Personalunion Polen-Litauen ab 1386
0   50   100   150   200   250 km
Benennung mit historischen Ortsnamen

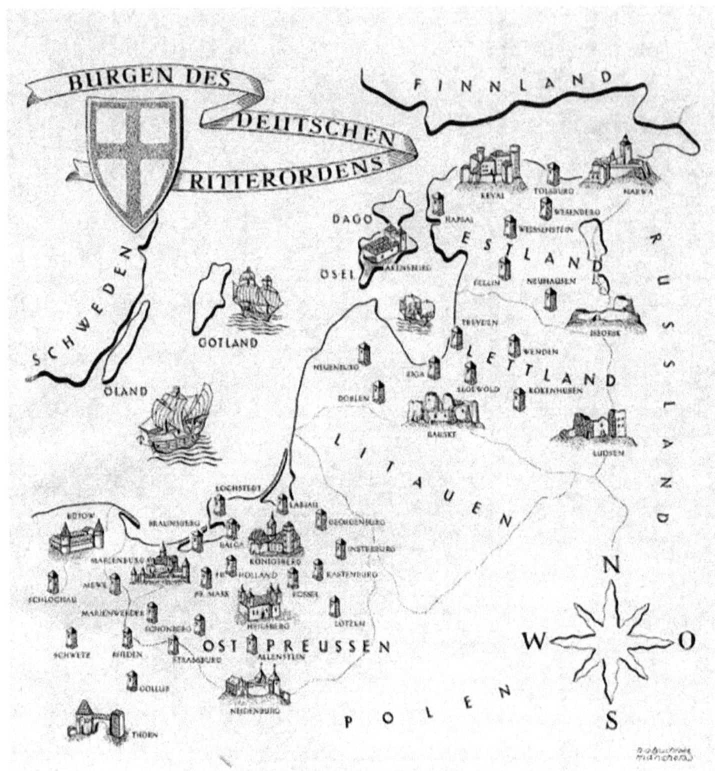

mappe e cartine dei possedimenti dell'ordine

L'Ordine Teutonico al 1260

L'Ordine Teutonico – 1226 e 1260	Linee d'avanzata dei Portaspada
Principati polacchi:	Linee d'avanzata dei Teutonici
Masovia	Luoghi e date delle battaglie maggiori
Cujavia	Aree di resistenza alla colonizzazione
Pomerelia	Castello dell'Ordine Teutonico
Polonia	Città
Territori di Livonia e Riga	

L'Ordine Teutonico verso il 1466

L'Ordine Teutonico verso il 1466	Castello dell'Ordine Teutonico
Ceduti alla Polonia-Lituania nel 1466	Città
Confine del Sacro Romano Impero	Città Anseatica
Territori di Livonia e Riga	Sede del Gran Maestro
	Sede di un *Landmeister*

La fortezza di Marienburg

Cavalieri teutonici nella fortezza di Marienburg

3

4

5

1

2

BIBLIOGRAFIA ESSENZIALE

Fonti

M. Perlbach, *Die Statuten des Deutscher Ordens*, Halle 1890

Chronicon Livoniae (Livländische Chronik), Darmstadt 1959

Quellen zu Studien zur Geschichte des Deutscher Ordens, 47 voll., Marburg, 1967-1992

Urkundenbuch zur Geschichte der Deutschen in Siebenbürgen, a cura di F. Zimmermann e C. Verner, Hermannstadt 1892

Annales de l'ordre Teutonique ou de Sainte-Marie-de-Jèrusalem, a cura di F. de Salle, Geneve-Paris 1986

Regula puperorum commilitonum Christi Templique Salomonici in concilio Tercensi, in J. D. Mansi (cur.) *sacro rum Conciliorum Collectio*, XXI, coll. 357- 372, Venezia 1776

Scriptores rerum Prussicarum , 6 voll., Leipzig 1861-1874

Per la bibliografia completa delle fonti tedesche cfr. *www.rrz.uni-hamburg.de/Landesforschung/Quellen.htm*

Studi secondari

AAVV, *Le crociate. L'oriente e l'occidente da Urbano II a San Luigi (1096-1270)*, Catalogo della mostra, Roma 1997

U. Arnold (cur.) *Die Hochmeister des Deutscher Orden 1190- 1994*, Marburg 1998

R. Barber, *Il mondo della cavalleria. Storia della cavalleria dalle origini al secolo XVI*, Milano 1986

Bernardo da Chiaravalle, *L'elogio della nuova Cavalleria*, a cura di M. Polia, Rimini 1988.

F. Bennighoven, *Der Orden der Schwertbüder*, Köln-Graz 1965

H. Bogdan, *Le Chevaliers teutoniques*, Paris 1995 (tr.it. *Cavalieri Teutonici*, Casale Monferrato, 1998)

H. Bookmann, *Der Deutsche Orden: Zwölf Kapitel aus seinem Geschichte*, Munich 1981

M. Burleigh, *Prussian Society and German Order. An Aristocratic Corporation in Crisis c. 1410-1463*, Cambridge 1984

Michael Burleigh, "*The German Knights, Making of a Modern Myth*", History Today, 35 (1985)

G. Cattaneo, *Federico II di Svevia, lo Specchio del mondo*, Roma 1992

E. Christiansen, *The Northern Crusades: the Baltic and the Catholic Frontier, 1100-1525*, Cambridge 1998 (tr. tt. *Le crociate del Nord. Il Baltico e la frontiera cattolica (1100-1525)*, Bologna 2003)

L. Daillez, *Les Chevaliers Teutoniques*, Paris 1979

A. Demurger, *Chevalier du Christ*, Paris 2002 (tr. it. *I cavalieri di Cristo. Gli ordini religioso-militari del Medioevo, XI-XVI secolo*, Milano 2004)

P. Dollinger, *La Hanse*, Paris 1964

S. Ekdahl, *Die Schlacht bei Tannenberg, 1410. Quellenkritische Untersuchungen. I, Einführung und Quellenunterlage*, Berlin 1982

S. Ekdahl, "*The Treatment of Prisoners of War during the Fighting between the Teutonic Order and Lithuania*," in

U. Gasser, *L'Ordine Teutonico* (opuscolo pubblicato in occasione del 8° centenario della nascita dell'Ordine), Bolzano, Priorato del Sudtirolo, 1991

L. Lefroid, *L'Ordre teutonique*, Nantes 1992

M. Barber (cur.), *The Military Orders. Fighting for the Faith and Caring for the Sick*. Cambridge, 1994

A. Forey, *The Military Orders from the twelfth to the early fourteenth centuries* ,Toronto 1992

S. Gasparri, *Una frontiera medievale. Tedeschi, slavi ed ebrei nell'Europa orientale*, in "Storia e dossier", n. 81/1994

K. Gorsky, L'Ordine Teutonico. *Alle origini dello stato prussiano*, tr.it. Torino 1971

I. Heath, *Armies of the Middle Ages, 2. The Ottoman Empire, Eastern Europe and Near East, 1300- 1500*, Worthing 1984

Hermanni de Warteberge, "Chronicon Livoniae," *Scriptores rerum Prussicarum*, 6 voll., Leipzig 1861-1874.

Edgar Johnson, "*The German Crusade on the Baltic*", in *A History of the Crusades*, III (ed. Harry Hazard.) Madison, 1975

E. Marschke, *Der Deutsche Ordenstaat*, Hamburg 1935

P. D. Mitchell, *Medicine in the Crusades: warfare, wounds, and the medieval surgeon*, Cambridge 2004

U. Müller, *Kreuzzugdichtung*, Tübingen 1979

K. E. Murawski, *Zwischen Tannenberg und Thoron: Die Geschichte des Deutscher Ordens unter den Hochmeister Conrad von Erlichshausen*, Göttingen 1953

A. V. Murray (cur.), *Crusades and Conversion on the Baltic Frontier 1150- 1500*, Aldershot 2001

H. Nicholson, *Templars, Hospitallers and Teutonic Knights. Images of the Military Orders, 1128-1291* , Leicester 1993

D. Nicolle, *Lake Peipus 1242. Battle on the Ice*, London 1996

D. Nicolle, *Medieval Warfare Sourcebook. Warfare in Western Christendom*, London 1999

J. Riley-Smith, *The Crusades - A Short History*, London 1987 (tr. it. *Breve storia delle Crociate*, Milano 1987)

P. Rabikauskas (cur.), *La cristianizzazione della Lituania*, Città del Vaticano 1989

S. C. Rowell, *Lithuania ascending: a Pagan Empire within East- Central Europe, 1294-1345*, Cambridge 1994

S. Runciman, *A History of Crusades*, London 1952 (tr. it. *Storia delle Crociate*, 2 voll., Torino 1966)

H. Samsonowicz, *I cavalieri Teutonici*, in "Storia e dossier", n.3 (1987)

W. Sonthofen. *Der Deutsche Orden: 800 Jahre Geschichte*, Freiburg 1990

I. Sterns, *The Statutes of the Teutonic Knights: a study of religious chivalry*, (dissertazione inedita) Philadelphia 1969

Thadeo di Napoli, *Historia de desolacione et conculcacione civitatis Acconensis et tocius terre sante in A .D. MCCXCI*, ed. A. Riant, Geneve 1873

M. Tumler, *Der Deutsche Orden: Werden, Wachsen und Wirkubg bis 1400*, Wien 1955

M. Tumler, U. Arnold, *Der Deutsche Orden von seinem Ursprung bis zu Gegenwart*, Bad Münstereifel 1992

S. Turnbull, *Crusader Castles of the Teutonic Knights: 1 The Red Brick Castles of Prussia*, London 2003

S. Turnbull, *Crusader Castles of the Teutonic Knights: 2, The Stone Castles of Livonia*, London 2004

S. Turnbull, *Tannenberg 1410*, London 2004

W. Urban, *The Samogitian Crusade*, Chicago 198914. Urban, *"The Military Occupation of Semgallia, "Baltic History "*, 1974

W. Urban, *The Baltic Crusade*, Chicago 1994, 2a

W. Urban, *Victims of the Baltic Crusades, "Journal of Baltic Studies"*, 1998

W. Urban, *The Prussian Crusade*, Chicago 2000, 2a

W. Urban, *Tannenberg and After: Poland, Lithuania and the Teutonic Order in Search of Immortality*, Chicago 2002

W. Urban, *Teutonic Knights. A Military History*, London 2003 (tr. it. *I Cavalieri Teutonici. Storia militare delle crociate del Nord*, Gorizia 2006)

Hermanni de Warteberge, "Chronicon Livoniae", Scriptores rerum Prussicarum, 6 voll., Leipzig 1861-1874.

D. Zimmerling, *Der deutsche Ritterorden*, Wien 1988

SOMMARIO

SOLDIERSHOP - COLLANA STORIA